Québec:
élections 1981

Les Cahiers du Québec

André Bernard et Bernard Descôteaux

Québec: élections 1981

Préface de Rodolphe Morissette

Cahiers du Québec Collection Science politique

Hurtubise HMH

Le Conseil des Arts du Canada
a accordé une subvention pour
la publication de cet ouvrage

Illustration de la couverture :
L. Pilon pour P.I.G.

Maquette de la couverture :
Pierre Fleury

Éditions Hurtubise HMH, Limitée
7360, boulevard Newman
Ville LaSalle, Québec
H8N 1X2
Canada

Téléphone : (514) 364-0323

ISBN 2-89045-500-9

Dépôt légal/2e trimestre 1981
Bibliothèque Nationale du Canada
Bibliothèque Nationale du Québec

Imprimé au Canada

Table des matières

Préface

Il s'imposait, ce petit livre. Pour tous ceux et celles qui, en acteurs ou en spectateurs, ont vécu, dans le triomphe ou dans la peine, ce bout d'histoire d'ici qui a culminé dans le scrutin du 13 avril 1981.

Les historiens d'après-demain rouvriront le dossier à leur rythme, équipés de leur trousse de dissection. Experte en consommation, d'autre part, la presse, qui hier traitait de l'événement avec passion, s'affaire depuis quelques semaines déjà à autre chose de plus « nouveau » encore. De sorte que le phénomène, *tout* le phénomène, risque ou d'être consumé en l'espace d'un clin d'œil ou d'être relégué à son rang dans la longue liste d'attente des objets d'historiographie.

Il fallait en effet qu'au lendemain de l'élection, quelqu'un prît la peine de recouvrer le phénomène, d'en exposer sereinement toutes les dimensions dans un recueil facile d'accès. Pour en présenter un portrait global, les coupes les plus éclairantes, les détails les plus pertinents. Pour le situer aussi dans la trame, un peu paradoxale, des antécédents immédiats. Pour en saisir, enfin, le mouvement propre, le sens des résultats, les effets probables.

Dans ce petit ouvrage produit pour ainsi dire à chaud, le politologue André Bernard et Bernard Descôteaux, le journaliste, gardent néanmoins toute leur tête. Ils ont renoncé sciemment au sensationnalisme paresseux, comme au roman-photo simplement aguichant et bêtement commercial.

Leur collaboration, étroite et, partant, originale, dépasse d'emblée les collectifs de juxtaposition. Elle ne souligne pas seulement l'intérêt d'une approche plus œcuménique des phénomènes ; elle rappelle surtout, une fois de plus, l'urgence pour les types variés d'observateurs de la réalité, entre autres politique, de mettre en commun, mais vraiment en commun, leurs points de vue forcément différents et de *créer* des interprétations plus authentiques, moins cloisonnées, de ce qui arrive.

Il ne manquera probablement point de critiques pour interroger, sur le ton inquisiteur : « Mais à quoi se livre ce politologue, qui se permet de retracer l'histoire et, au delà de ses analyses sociographiques, de scruter les programmes politiques des partis et la typologie des candidats à l'élection ? » Et « qui est ce journaliste, présumément préposé à l'information, qui, par delà ses comptes rendus précis, s'autorise à réfléchir sur les événements, voire à interpréter les résultats du scrutin ? »

Voilà précisément ce qui fait l'intérêt de ce recueil sur l'élection générale du 13 avril : le journaliste a voulu prendre un recul que le feu des heures de tombée ne lui permet ordinairement pas. Et le professeur a renoncé à se cantonner dans les limites de sa chaire d'enseignement.

Rédigé dans le goulot d'étranglement du 13 avril par deux spécialistes de l'événement qui perçoivent celui-ci à travers des lorgnettes fort différentes, mais qui pourtant se rejoignent ici, ce petit livre a l'avantage de présenter un bilan de ce qui est arrivé et qu'aucune manchette n'a su retenir, faute de recul dans l'action.

Comme journaliste au quotidien *Le Devoir*, Bernard Descôteaux a suivi Claude Ryan à la trace durant toute la campagne. Depuis plusieurs années, membre de la tribune de la presse à l'Assemblée nationale, il est spécialisé dans l'information politique québécoise.

Expert en analyse politique, professeur à l'Université du Québec à Montréal, André Bernard a rédigé en 1976 un ouvrage du type de celui-ci, *Québec : élections 1976*. Un mois avant le déclenchement des élections, contrairement à la majorité des commentateurs, il annonçait une victoire du Parti québécois, en s'appuyant sur l'analyse des sondages, des statistiques électorales et de la conjoncture.

Ensemble les deux auteurs ont rencontré, au lendemain du scrutin, des responsables « nationaux » de la campagne de chacun des grands partis, afin de confronter leurs analyses et conclusions.

L'un et l'autre ont comparé leurs notes de voyage au lendemain du scrutin. Et leurs calculs. Le résultat mérite d'être noté : il s'agit d'une information qui, si elle ne passait pas par le livre, ne paraîtrait sans doute nulle part.

Rodolphe MORISSETTE

Introduction

Les résultats du scrutin du 13 avril 1981 marquent un contraste saisissant avec ceux du référendum du 20 mai 1980. Ce contraste relève du paradoxe, en ce sens que, de 1976 à 1981, le Parti québécois se heurte à d'innombrables difficultés alors que ses appuis électoraux semblent stagner, comme nous le verrons dans le chapitre premier. Les résultats du scrutin d'avril 1981 s'inscrivent pourtant dans la trajectoire ascendante enregistrée par le mouvement indépendantiste depuis le début des années 60, qui, autre paradoxe, n'a jamais inquiété sérieusement les adversaires de l'idée de la souveraineté du Québec.

Tout l'intérêt de cette élection, que l'on pensait devoir être sans surprise et qui devait constituer l'occasion de river le dernier clou au cercueil du Parti québécois, est là.

La montée du mouvement indépendantiste

C'est au scrutin de 1966 que, pour la première fois, des partis indépendantistes participent à la lutte électorale, marquant ainsi le premier jalon d'une série de « victoires ». Le Rassemblement pour l'indépendance nationale et le Ralliement national reçoivent alors l'appui de 6 pour cent de l'ensemble de l'électorat (9 pour cent des suffrages), appui qui est vite qualifié de marginal. Les observateurs s'inquiètent cependant davantage de la contribution de ces deux partis à l'élection du gouvernement dirigé par Daniel Johnson, un gouvernement fortement nationaliste.

Né en 1968, le Parti québécois prend la relève de ces deux « groupuscules » indépendantistes au scrutin d'avril 1970. Recueillant 19 pour cent de l'appui de l'électorat (23,1 pour cent des suffrages), il devient à ce titre le plus important des nombreux partis d'opposition. Cette performance surprend mais n'inquiète pas puisqu'au chapitre des sièges, le Parti québécois est le dernier parti en importance à l'Assemblée nationale. Au cours des quatre années suivantes il aura, pense-t-on, toutes les occasions de s'entredéchirer tant il comporte en son sein d'éléments disparates. Comme l'avait dit Pierre Trudeau, quelques mois avant l'élection, le Parti québécois demeure un « particule ».

René Lévesque, plus optimiste que ses adversaires, note au lendemain du scrutin de 1970 : « la seconde étape commence ». Le 29 octobre 1973, le Parti québécois progresse, en effet, obtenant la faveur de 23,9 pour cent de l'ensemble des électeurs (30,2 pour cent des suffrages). Même avec seulement six députés, il forme l'opposition officielle à l'Assemblée nationale. On est cependant convaincu que le Parti québécois a atteint un plafond puisque l'on vient d'assister à une « élection référendaire » dont le thème a été « le vrai prix du séparatisme ». À preuve, le Parti libéral remporte 102 des 110 sièges avec 54,7 pour cent des suffrages. Pierre Trudeau signale cette victoire en parlant d'un « grand événement pour le Canada », et dit croire que les électeurs péquistes en viendront à se décourager de voir leur parti perdre à chaque occasion.

L'élection de 1976 ne peut que constituer une surprise générale. Le Parti québécois continue encore sa progression, obtenant l'appui de 34,6 pour cent de la population inscrite sur les listes électorales (41,4 pour cent des suffrages), et prend le pouvoir. L'analyse des résultats du scrutin rassure vite tout le monde alors que se dégage une conclusion que plusieurs semblent partager : l'élection du Parti québécois n'est qu'un accident de parcours que l'histoire se chargera vite de corriger à la prochaine occasion, en l'occurence le référendum constitutionnel promis par René Lévesque.

Pierre Trudeau précise les choses le 24 novembre 1976 au cours d'une allocution télévisée. Le Parti québécois a été élu parce que, cette fois, « l'enjeu (de l'élection) n'était pas le séparatisme mais bien la bonne administration de la province », de sorte qu'à son avis « les Québécois se sont choisi un nouveau gouvernement et non pas un nouveau pays ».

Le 20 mai 1980 survient enfin le « moment historique » promis par le Parti québécois, ce référendum qui doit enfin trancher le débat et indiquer si, « oui » ou « non », les Québécois veulent de l'idée de la souveraineté. La réponse est sans équivoque, c'est « non ». La défaite du « oui » est indiscutable et semble donner entièrement raison à ceux qui estimaient qu'il n'y avait pas lieu de s'inquiéter de la montée du Parti québécois. Atterrés, les militants péquistes semblent ne jamais devoir se relever.

René Lévesque tente le soir du 20 mai 1980 de redonner espoir à ses militants. À la fin de la longue ovation que ceux-ci lui rendent, il lance : « Si je vous comprends bien, ce que vous êtes en train de dire c'est :

à la prochaine ». Le Parti québécois puisera là un
slogan : « Oui, à la prochaine ! » Mais l'état des troupes
est tel que ce rendez-vous fixé à l'adversaire au prochain
scrutin apparaît davantage comme de la bravade de la
part des militants péquistes, pour cacher leur déception
et leur amertume, que de la véritable provocation.

Un premier recul pour
le mouvement indépendantiste

    Cette « prochaine » fois, rares sont ceux qui y
croient. La défaite a démoralisé les militants qui ne voient
de quel côté l'espoir peut venir. Ils ont beau retourner le
problème, l'examiner sous tous ses aspects, faire toutes
les analyses voulues, l'avenir du Parti québécois et
l'avenir du mouvement indépendantiste leur semblent
menacés et l'avenir de la société québécoise, hypothéqué
par ce référendum qui a laissé le Québec sans voix
devant le premier ministre fédéral, Pierre Trudeau.

    Certains voudraient même, au lendemain du
référendum, précipiter la prochaine élection. Parmi
ceux-ci, quelques-uns pensent qu'une défaite du Parti
québécois, inéluctable, permettrait de revitaliser le
mouvement indépendantiste. D'autres croient qu'il faut
prendre l'adversaire par surprise, la victoire ne leur
paraissant pas possible autrement. Mais la sagesse
commande d'attendre et René Lévesque demande aux
siens de patienter.

    Selon l'analyse superficielle qui est faite des résultats
du 20 mai 1980, la situation semble en effet sans issue.
Le « non » l'a emporté par 59,56 pour cent des suffrages
alors que le « oui » n'a récolté que 40,44 pour cent. Qui
plus est, cette défaite est générale à travers tout le
Québec. Deux régions seulement ont donné une majorité
au « oui », le Saguenay-Lac-Saint-Jean et la Côte nord.

Au total, 15 circonscriptions seulement sur les 110 que compte, à ce moment-là, la carte électorale ont donné une majorité au « oui ». En comptant bien, on en dénombre uniquement 12 autres qui ont donné au « non » une majorité inférieure à 1,000 voix.

Mais il y a pire encore. Le mouvement indépendantiste qui n'a jamais cessé de progresser depuis sa naissance paraît enregistrer le premier recul de sa courte histoire. Il a gravi quelques échelons menant à l'indépendance mais, arrivé au moment critique du référendum, il plafonne comme l'avaient annoncé les résultats des sondages depuis deux ans. Le 20 mai 1980, avec l'appui de 34 pour cent des inscrits (et 40,4 pour cent des suffrages) en faveur de son option, le parti paraît au bout de sa croissance.

Même avec les leviers du « pouvoir », le Parti québécois a échoué dans son objectif de faire progresser encore un peu le projet souverainiste, de lui faire franchir une autre « étape ». On savait bien que l'obtention d'une majorité absolue était un objectif irréaliste, et, en fait, on visait beaucoup plus l'obtention d'une solide majorité au sein de l'électorat francophone, le seul sur lequel le Parti québécois pouvait s'appuyer pour des raisons évidentes.

Les francophones se dérobent

Les électeurs francophones représentent environ 82 pour cent de l'électorat. Pour obtenir une majorité absolue, le « oui » devait avoir l'appui d'au moins trois électeurs sur cinq. En votant pour le « oui » dans une proportion de 60 pour cent, les francophones auraient donné au « oui » 49,2 pour cent des suffrages. Avec l'appui de 5 pour cent des électeurs non-francophones, il était alors possible de franchir le cap de la majorité absolue.

Le Parti québécois était prêt à se contenter de 45 pour cent des suffrages, ce qui aurait indiqué une majorité non équivoque du « oui » chez les francophones et constitué une importante victoire morale. Mais là aussi on échoue. L'analyse des résultats montre le « oui » et le « non » nez à nez, tout au mieux. Certains analystes prétendent qu'une faible majorité de francophones ont appuyé le « oui » et que d'autres affirment le contraire.

L'élection : donner un sens au référendum

Au lendemain du 20 mai 1980, on s'attend à ce que, logiquement, les électeurs maintiennent les positions adoptées au référendum. Le Parti québécois, au mieux, plafonnerait à 41 pour cent. Une Union nationale exsangue ne pourrait, de son côté, diviser les voix et ses électeurs devraient en toute logique glisser vers le Parti libéral. Claude Ryan, ne sent même pas le besoin de réclamer la démission du gouvernement, comme plusieurs ministres s'y attendent, et de le harceler sans fin dans l'espoir de l'amener à décréter un scrutin.

L'inquiétude chez les péquistes est grande du fait que la perte du pouvoir signifiera presque à coup sûr que le gouvernement fédéral trouvera, en la personne de Claude Ryan, un allié pour procéder au renouvellement du fédéralisme canadien. Le projet du Parti libéral du Québec, *Une nouvelle fédération canadienne*, s'il était adopté, ferait sans doute l'affaire de plusieurs fédéralistes qui ont néanmoins voté « oui » au référendum. L'éventualité d'une réforme mineure du fédéralisme fait craindre la fin du mouvement indépendantiste. À coup sûr, une telle réforme conduirait l'option souverainiste sur une pente déclinante.

Le référendum, « cela peut ouvrir la porte de l'avenir ou la fermer pour un sacré bout de temps », avait dit René Lévesque pendant la campagne référendaire. La « prochaine » manche servira donc, du point de vue péquiste, à vérifier si cette porte est fermée à double tour ou s'il y a moyen de l'ouvrir, ne serait-ce qu'un peu.

Si elle s'ouvre, ce sera un signe d'espoir, une autre étape pour ceux qui, comme le sociologue Marcel Rioux, croient que le sens de l'histoire est irréversible. « Rien, jamais, ne nous brisera. Nous avons avec nous les jeunes, les forces du travail et les intellectuels. Je ne connais aucun peuple au monde qui, avec ces atouts-là, ne soit parvenu à fonder une nation », dit-il en entrevue au *Nouvel Observateur*, exprimant en d'autres mots ce que René Lévesque avait dit du résultat du référendum : « Un des derniers sursauts du vieux Québec ».

Si la porte reste fermée, ce sera la preuve que le 15 novembre 1976 n'était qu'un accident de parcours, comme les adversaires du Parti québécois l'ont maintes fois proclamé et comme l'ont pensé aussi de nombreux dirigeants péquistes, obligés d'assumer plus tôt qu'ils ne le prévoyaient les rênes du pouvoir et de composer avec une conjoncture difficile.

Chapitre premier

D'une élection à l'autre : de 1976 à 1981

Chapitre premier

D'une élection à l'autre : de 1976 à 1981

Le 15 novembre 1976, le Parti québécois remporte la victoire aux élections, avec 70 sièges sur 110, un soixante-et-onzième siège (Hull) devant s'ajouter bientôt après le recomptage des votes. Cette victoire stupéfie ceux qui n'appuient pas le Parti québécois car ils n'arrivent pas à croire qu'un parti qui n'avait obtenu que 30 pour cent des suffrages exprimés et six sièges en 1973 devienne majoritaire en 1976. Mais les chiffres sont là.

Les opposants du Parti québécois ont la consolation de savoir qu'ils constituent près de 60 pour cent de l'électorat. Le 15 novembre en effet le Parti québécois obtient moins de 1,400,000 des quelque 3,400,000 votes exprimés : il n'a l'appui que de 41 pour cent des votants.

Les résultats des élections de 1976 rappellent ceux de 1966 alors que l'Union nationale, avec 41 pour cent des voix, avait ravi le pouvoir au Parti libéral de Jean Lesage, qui avait pourtant obtenu 47 pour cent des voix. Récoltant à l'époque 52 pour cent des sièges, l'Union nationale avait bénéficié des effets combinés du mode de scrutin, de la sous-représentation de la région

montréalaise dont les circonscriptions étaient
excessivement populeuses mais où dominaient les
libéraux, et enfin de la division introduite par les petits
partis indépendantistes (le Rassemblement pour
l'indépendance nationale et le Ralliement national). En
1976, non seulement le nouveau gouvernement n'a-t-il
l'appui que de 41 pour cent des votants, mais encore, il
prétend réformer profondément la vie politique au
Québec.

Parmi ceux qui s'opposent au Parti québécois,
plusieurs craignent les réformes annoncées. Et l'on sait
qu'un gouvernement n'a pas besoin de l'appui de la
majorité de l'électorat pour mettre en œuvre les réformes
qu'il désire. Il lui suffit d'avoir la majorité des sièges.
L'expérience le montre clairement : depuis 1921, à la
Chambre des Communes du Canada, il n'y a eu qu'aux
élections de 1940 et de 1958 que le parti porté au
pouvoir a obtenu une majorité absolue de voix dans
l'électorat.

Le soir du 15 novembre 1976, des centaines de
milliers de personnes concluent que c'en est fait du
Québec qu'ils ont connu. Maintenant au pouvoir, le Parti
québécois va, comme l'annonce son programme, étatiser
l'assurance-automobile, abolir les concessions forestières,
renforcer les capacités d'action des syndicats de salariés
et, surtout, séparer le Québec du reste du Canada pour
en faire un État souverain unilingue français...

La première année du gouvernement
du Parti québécois : 1977

Parmi ceux qui craignent les réformes annoncées par
le Parti québécois, plusieurs préfèrent l'exil. Dès la fin de
novembre 1976, les signes d'un véritable exode
apparaissent nombreux dans les quartiers qu'habitent les

Montréalais de langue anglaise : Mont-Royal, Westmount, Notre-Dame-de-Grâce, Pointe-Claire... Des milliers de maisons sont mises en vente, à tel point que les prix tombent de 10, 15, 20 ou même 30 pour cent dans certains secteurs de l'ouest de Montréal. Au cours de l'hiver puis du printemps et de l'été 1977, des dizaines de milliers de ménages quittent le Québec. Une telle vague de départs n'avait jamais été vue, même à l'époque des deux enlèvements opérés par le Front de libération du Québec (F.L.Q.) en octobre 1970. Quand enfin la migration paraît diminuer, un an après le 15 novembre 1976, ceux qui font les comptes prétendent que l'élection du Parti québécois a précipité le départ de plus de 100,000 personnes.

La première année du gouvernement du Parti québécois paraît donner raison à ceux qui ont quitté le Québec. Parmi les premières mesures du nouveau gouvernement, plusieurs vont à l'encontre des intérêts dominants telles l'augmentation du salaire minimum, l'abandon des contrôles de la commission anti-inflation sur les augmentations salariales, l'introduction d'une politique d'achat privilégiant les produits du Québec, l'étatisation partielle de l'assurance-automobile, l'adoption de contrôles nouveaux sur les loyers, le retrait des charges judiciaires pesant sur certains syndicalistes, la présentation d'un projet de loi visant à interdire, à une entreprise frappée par une grève, le recours à des travailleurs non-syndiqués pour faire le travail des grévistes... Mais surtout, il y a la Charte du français présentée en avril 1977 et devenue loi le 26 août, puis le projet relatif au référendum, qui confirment la volonté du nouveau gouvernement de réaliser l'objectif numéro un du programme du Parti québécois : la transformation du Québec en un État souverain de langue française, séparé du reste du Canada.

En dépit des campagnes menées par ceux qui les combattent, ces diverses mesures adoptées par le nouveau gouvernement en 1977 paraissent satisfaire une forte proportion de l'électorat. La cote du gouvernement du Parti québécois mesurée par les sondages paraît alors en hausse. Ce succès apparent donne une assurance croissante aux membres du Parti québécois et il démoralise davantage leurs adversaires.

Le désarroi des adversaires du Parti québécois en 1977, déjà manifeste dans l'ampleur de l'exode qui attriste l'ouest de Montréal, est confirmé par la prolifération d'organisations de défense du fédéralisme canadien et par l'incertitude quant à l'avenir qu'expriment les membres du Parti libéral du Québec dont l'ancien chef, Robert Bourassa, a quitté le pays.

Le choix de Claude Ryan
par le Parti libéral du Québec

La décision de Claude Ryan, le 10 janvier 1978, de briguer la succession de Robert Bourassa à la direction du Parti libéral du Québec, transforme soudain le climat de morosité dont souffraient les adversaires du Parti québécois en 1977. Claude Ryan, jusqu'alors directeur du quotidien *Le Devoir,* jouit d'un prestige considérable au Québec. Catholique pratiquant et affirmé, il paraît pouvoir rallier au Parti libéral de nombreux électeurs attachés aux valeurs du catholicisme qui auraient voté en 1976 pour l'Union nationale ou pour le Ralliement créditiste. Ayant soutenu les intérêts linguistiques des anglophones du Québec lors du débat sur la Charte du français au printemps et à l'été 1977, il paraît pouvoir rallier également ceux qui, parmi la population de langue anglaise, auraient déserté le Parti libéral en novembre 1976. Ayant condamné, comme éditorialiste, les écarts à l'honnêteté imputés au gouvernement de Robert Bourassa en 1976, il devrait enfin pouvoir ramener au Parti libéral certains électeurs qui, déçus de leur gouvernement en 1976, auraient appuyé le Parti québécois. Mais Claude Ryan, aux yeux des militants du Parti libéral qui l'ont sollicité, c'est d'abord et avant tout un fédéraliste informé, désireux de trouver des solutions aux problèmes posés au Québec et au Canada par les particularités du Québec ; c'est un fédéraliste ouvert aux changements constitutionnels qui devrait ramener au Parti libéral les « fédéralistes » qui ont appuyé le Parti québécois en 1976. Claude Ryan, en somme, c'est le symbole dont ont besoin les opposants au gouvernement du Parti québécois.

Le 15 avril 1978, Claude Ryan devient chef du Parti libéral du Québec. Plus de 68 pour cent des délégués des 110 associations libérales du Québec appuient sa candidature. Il obtient 1,748 votes et son concurrent, Raymond Garneau, 807.

Dix jours plus tard, le 25 avril, on apprend la démission de Bryce MacKasey, le député libéral de la circonscription de Notre-Dame-de-Grâce, située dans le secteur ouest de l'île de Montréal, où la majorité est constituée par des électeurs de langue anglaise. Si Claude Ryan le désire, ce siège vacant lui est acquis car la circonscription de Notre-Dame-de-Grâce, depuis qu'elle existe, est représentée par un libéral. Mais Ryan, prudent, préfère attendre une autre occasion. En effet, il craint d'être qualifié de « représentant des électeurs de langue anglaise » s'il se présente dans une circonscription de l'ouest de Montréal.

Et Ryan doit alors attendre une année entière. Les premiers sièges à devenir vacants, après celui de Bryce MacKasey, sont libérés à la mi-décembre 1978, alors que démissionnent Raymond Garneau, député de la circonscription de Jean-Talon, dans la ville de Québec, et Zoël Saindon, député de la circonscription d'Argenteuil, dont le centre est la ville de Lachute. Les élections partielles dans ces deux circonscriptions ont lieu le 30 avril 1979. Comme dans le cas de Notre-Dame-de-Grâce où, le 5 juillet 1978, le candidat libéral Reed Scowen a été élu avec une majorité de 62 pour cent des voix exprimées, les électeurs libéraux d'Argenteuil et de Jean-Talon affirment leur majorité. Dans Argenteuil, Claude Ryan obtient 64 pour cent des voix exprimées et, dans Jean-Talon, l'autre candidat du Parti libéral, Jean-Claude Rivest, récolte 58 pour cent des suffrages.

Les élections partielles
du 30 avril 1979

Les résultats des élections partielles du 30 avril 1979 confirment la tendance enregistrée par les sondages depuis l'accession de Claude Ryan à la direction du Parti libéral du Québec. Une bonne part des électeurs de langue anglaise qui avaient déserté le Parti libéral en 1976 en raison, surtout, de la politique linguistique du gouvernement de Robert Bourassa abandonnent l'Union nationale qu'ils avaient appuyée en 1976 et se rangent dorénavant derrière Claude Ryan. Ce réalignement des électeurs de langue anglaise est manifeste dans les résultats des élections partielles de Notre-Dame-de-Grâce (5 juillet 1978) où l'Union nationale n'obtient même pas 2 pour cent des suffrages, alors qu'elle en avait obtenu 29 pour cent en 1976. Dans Notre-Dame-de-Grâce, l'Union nationale se retrouve dans la situation qu'elle avait en 1973 ; ses électeurs de 1976 se sont divisés, aux élections partielles de 1978, entre le Parti libéral et le Parti du libre choix représenté par David De Jong (qui, pour sa part, récolte 25 pour cent des voix, alors que ce même

parti n'en avait obtenu que 13 pour cent dans Notre-
Dame-de-Grâce en 1976). Le réalignement des électeurs
de langue anglaise est également évident dans les
résultats de l'élection partielle d'Argenteuil : l'Union
nationale, qui y avait obtenu 25 pour cent des voix en
1976, n'y glane que 6 pour cent en 1979.

Non seulement y a-t-il ce retour au Parti libéral des
électeurs de langue anglaise qui l'avaient déserté en 1976
au profit provisoire de l'Union nationale, mais encore,
on peut conclure, devant les résultats des élections
partielles du 30 avril 1979, que de nombreux électeurs de
langue française, qui avaient appuyé l'Union nationale
ou le Ralliement créditiste en 1976, optent dorénavant
pour le Parti libéral de Claude Ryan. Il n'y a même pas
de candidat créditiste le 30 avril dans Argenteuil, alors que
les créditistes avaient constitué 10 pour cent des votants
d'Argenteuil en 1976. Il apparaît finalement que le Parti
libéral est à nouveau, en ce printemps 1979, en mesure
d'emporter la victoire aux élections générales.

Le Parti québécois paraît d'ailleurs très affecté par le
regain de popularité du Parti libéral. Pour endiguer le
courant libéral, les dirigeants du Parti québécois
paraissent vouloir réduire le rythme de mise en œuvre
des réformes annoncées. Tout au long de l'année 1978,
des efforts importants sont consentis aux fins de séduire
le monde des affaires, et de montrer que le meilleur
défenseur des intérêts économiques des entreprises
québécoises est le gouvernement du Québec et non pas
celui d'Ottawa. L'abolition des taxes sur la vente au
détail de vêtements et de chaussures en avril 1978, les
tergiversations sur le salaire minimum et notamment la
publication en août 1978 d'un rapport de l'économiste
Pierre Fortin sur l'impact négatif des hausses du salaire
minimum, les accommodements consentis dans les
législations relatives aux relations entre employeurs et

employés, les crédits affectés aux opérations de relance économique et diverses mesures ponctuelles (telle l'autorisation de vendre des vins « québécois » dans les épiceries) constituent autant d'expressions de cette volonté apparemment nouvelle du gouvernement du Parti québécois de se rapprocher du monde des affaires.

Aux yeux de nombreux militants du Parti québécois, ces positions du gouvernement de René Lévesque en faveur des petites et moyennes entreprises du Québec favorisent de fait l'ensemble du patronat et contredisent les options sociales de la « base », même si provisoirement elles peuvent freiner la croissance du Parti libéral. Malgré les critiques qu'elles suscitent chez les militants d'obédience socialiste, les positions du gouvernement en faveur de l'entreprise privée s'affermissent progressivement au cours de 1979 et sont finalement exprimées officiellement dans un volumineux « énoncé de politique économique » publié à la fin de l'été 1979 sous le titre de *Bâtir le Québec*.

La volonté de concurrencer le Parti libéral auprès des électeurs de langue française dont les intérêts ne coïncident pas avec ceux des salariés syndiqués amène par ailleurs les dirigeants du Parti québécois à prendre des attitudes moins conciliantes qu'auparavant dans leurs rapports avec les syndicats. C'est ainsi que la négociation des conventions collectives dans le secteur public déçoit de nombreux syndicalistes qui avaient appuyé le Parti québécois en 1976. La loi spéciale de la mi-novembre 1979 restreignant momentanément l'exercice du droit de grève de certains syndiqués consacre finalement aux yeux de nombreux militants le caractère « bourgeois » du Parti québécois.

Il paraît évident que les efforts des dirigeants du Parti québécois entrepris pour gagner de nouveaux appuis dans les milieux plus conservateurs ne remportent pas les succès escomptés de ce côté alors qu'ils entraînent une certaine désaffection du côté des syndiqués et de ceux qui suivent les militants socialistes actifs dans les quartiers pauvres des milieux urbains.

Les élections partielles
de novembre 1979

Une nouvelle série d'élections partielles, le 14 novembre 1979, montre à quel point le Parti libéral a regagné le terrain perdu en 1976, et à quel point la stratégie électorale des dirigeants du Parti québécois tarde à avoir les effets recherchés. Le Parti libéral obtient 60 pour cent des quelque 88,000 suffrages exprimés ce jour-là, la meilleure performance étant réalisée par Solange Chaput-Rolland dans Prévost, avec 63 pour cent des voix, les autres candidats libéraux enregistrant respectivement des majorités de 57 pour cent dans Beauce-Sud (Hermann Mathieu) et de 58 pour cent dans Maisonneuve (Georges Lalande).

L'absence de candidat créditiste et l'absence de l'Union nationale lors de ces élections partielles de la mi-novembre 1979 confirment la tendance au regroupement des forces d'opposition au Parti québécois derrière la bannière du Parti libéral. Le recul du Parti québécois dans Prévost, où il perd quelque 5,500 voix par rapport à 1976, et dans Maisonneuve, où il en perd près de 7,500, indique en outre l'ampleur des défections. Les militants souverainistes savent bien que leur succès de 1976 dans ces deux circonscriptions ne tenait pas à la seule personnalité de chacun de leurs candidats (Jean-Guy Cardinal dans Prévost et Robert Burns dans Maisonneuve) et ils savent également que leur échec du 14 novembre 1979 n'a rien à voir avec l'absence de l'Union nationale. Les dissensions au sein de l'organisation du Parti québécois, dans Maisonneuve comme dans Prévost, permettaient déjà, bien avant le jour du scrutin, de pressentir l'ampleur des désaffections. Dans Prévost, le Parti québécois avait obtenu 49,6 pour cent des suffrages en 1976 ; il n'en obtient que 35,4 pour cent en 1979. Dans Maisonneuve, il avait une majorité de 62,1 pour cent en 1976 ; sa part des suffrages n'est plus que de 39,5 pour cent en 1979.

Certains militants du Parti québécois estiment néanmoins que tout n'est pas perdu puisque, dans Beauce-Sud, le candidat péquiste a remporté 42,4 pour cent des suffrages, ce qui constitue un progrès par rapport à 1976 (9,3 pour cent). Mais on leur oppose le fait que le Parti libéral enregistre un progrès analogue, passant de 5,665 voix et 22,4 pour cent des suffrages, en 1976, à 15,452 voix et 57,3 pour cent en 1979. On ajoute que Beauce-Sud n'est pas une circonscription comme les autres, étant la seule à avoir élu un candidat du Parti national populaire (Fabien Roy) en 1976.

Le 26 novembre, douze jours plus tard, une autre élection partielle vient compléter la démonstration du succès du Parti libéral. Cette élection partielle, tenue dans la circonscription de D'Arcy-McGee, qui recouvre Hampstead et le quartier de Côte-Saint-Luc dans l'ouest de Montréal, donne 23,313 voix au candidat libéral, Herbert Marx, contre 791 au candidat du Parti québécois, David Levine. En 1976, le candidat du Parti québécois, Jacques Mackay, avait obtenu 1,476 voix, et celui du Parti libéral, Victor Goldbloom, 21,248. La victoire libérale de 1979, avec 96,7 pour cent des voix, étonne les libéraux eux-mêmes !

L'échéance référendaire

Les dirigeants du Parti québécois refusent de voir dans les résultats des élections partielles de novembre 1979 le signe avant-coureur de leur défaite au référendum constitutionnel annoncé pour le printemps 1980. De toute évidence, ils espèrent que les électeurs feront une distinction entre le référendum, qui porte sur le type de régime constitutionnel souhaité ou souhaitable, et une simple élection, qui concerne le choix d'une équipe de dirigeants politiques.

Les sondages réalisés en 1978 et 1979 révèlent en effet qu'une majorité des personnes interrogées se déclarent disposées à répondre « oui » à une requête les priant d'accorder au gouvernement du Québec le mandat de négocier l'accession du Québec au statut d'État souverain dans le cadre d'une association économique entre le Québec et le reste du Canada, et cela en dépit de la popularité du Parti libéral, en dépit de la faveur dont jouit l'idée de fédéralisme, et en dépit de l'attachement de la majorité à ce qu'on appelle le Canada. Ce paradoxe, particulièrement bien identifié dans le rapport d'un sondage sur la perception des problèmes constitutionnels par la population du Québec en juin 1979 (publié en septembre), paraît expliqué par la distinction opérée inconsciemment entre trois ordres de préoccupations : l'attachement au territoire et à sa population, en premier lieu, le régime constitutionnel, en deuxième lieu, et, enfin, les personnes en autorité. Selon les données des sondages, les résidents du Québec qui préfèrent s'identifier comme nord-américains ou comme canadiens sont plus nombreux que ceux qui se considèrent avant tout comme québécois ; de même, les sympathisants du Parti libéral sont plus nombreux que ceux du Parti québécois ; mais la majorité souhaite d'importants changements dans le régime constitutionnel et, pour les obtenir, se dit prête à donner un mandat au gouvernement du Québec de négocier un statut que seule une minorité préconise. Le statut d'État souverain pour le Québec, en effet, n'est désiré que par une minorité.

Les dirigeants du Parti québécois ont décidé de demander un mandat de négocier la souveraineté-association. Ils savent que la majorité s'opposerait à l'octroi d'un mandat de « réaliser » cette souveraineté du Québec dans le cadre d'une association économique avec le reste du Canada. Ils croient que la majorité accordera un mandat de négocier, non seulement parce que les sondages le laissent croire, mais encore parce que, dans la logique de toute négociation, il faut demander plus que ce que l'on désire vraiment !

En cette fin de novembre 1979, en dépit du succès du Parti libéral aux élections partielles, les dirigeants du Parti québécois paraissent assurés de la victoire au référendum. D'ailleurs un événement inattendu vient de leur apporter un encouragement plus précieux que tous les sondages : Pierre Trudeau, chef du Parti libéral du Canada, qui a perdu le pouvoir à Ottawa à la suite des élections fédérales du 22 mai 1979, a annoncé le 21 novembre qu'il quittait la direction de son parti et se retirait de la vie politique.

Si Pierre Trudeau, le plus populaire des hommes politiques canadiens au Québec depuis douze ans, ne participe pas au débat référendaire, les chances du Parti québécois de l'emporter deviennent excellentes.

La défaite du Parti libéral aux élections fédérales du 22 mai 1979 constituait d'ailleurs un heureux présage pour le Parti québécois. Dans le débat référendaire qui s'annonce, le fait que le gouvernement fédéral soit dominé par des hommes politiques originaires de l'extérieur du Québec facilite la distinction recherchée par les dirigeants du Parti québécois entre le régime constitutionnel, d'une part, et les personnes en autorité, d'autre part. On peut même penser que l'ardeur des députés fédéraux du Québec à défendre le fédéralisme canadien sera moins grande s'ils sont dans l'opposition à

Ottawa. Or, depuis le 22 mai 1979, c'est le cas. Seuls deux des 141 députés conservateurs élus sous la bannière du nouveau premier ministre, Joe Clark, proviennent du Québec. Parmi les 75 députés fédéraux du Québec, 67 sont des libéraux et ces 67 députés constituent le groupe dominant au sein de la députation libérale, qui ne compte que 47 membres à l'extérieur du Québec. Parmi les députés fédéraux du Québec, on compte aussi six « créditistes » et parmi ceux-ci, Fabien Roy, leur porte-parole, souhaite une révision profonde du régime constitutionnel qui accorderait de nombreuses et importantes compétences législatives supplémentaires à l'Assemblée nationale du Québec.

L'équipe de Joe Clark ne détient toutefois que 136 des 282 sièges de la Chambre des Communes et, malgré la neutralité du libéral J. Jérome, nommé président, et l'appui des six députés créditistes, il suffirait de l'absence forcée de deux membres du Parti progressiste-conservateur pour que le gouvernement soit défait.

Maintenant que Pierre Trudeau a annoncé qu'il démissionnait, le risque d'une défaite du gouvernement de Joe Clark à la Chambre des Communes paraît atténué. Sans chef, le Parti libéral du Canada serait bien téméraire de précipiter de nouvelles élections.

C'est pourtant ce que décide le caucus libéral à Ottawa le 12 décembre 1979 et que confirme un vote en chambre le 13. Deux motifs principaux ont mené à cette décision. Il y a eu d'abord la nouvelle que les résultats d'un nouveau sondage révélaient un regain de la popularité des libéraux fédéraux par rapport aux progressistes-conservateurs de Joe Clark. Il y a eu ensuite la volonté des députés du Québec de forcer la main de Pierre Trudeau, qu'ils préféraient conserver comme chef, son départ signifiant une importante perte d'influence pour la députation québécoise au sein du Parti libéral.

Plusieurs conservateurs estiment que les libéraux ont commis une erreur de calcul et que les électeurs canadiens vont, cette fois, élire une majorité progressiste-conservatrice. Deux députés de l'Union nationale à l'Assemblée nationale du Québec démissionnent pour pouvoir se porter candidats dans l'équipe de Joe Clark aux élections fédérales du 18 février 1980 : Fernand Grenier (de Mégantic-Compton) et Armand Russell (de Brome-Missisquoi).

La campagne électorale fédérale ne paraît pas susciter d'inquiétude de la part des dirigeants du Parti québécois. Ceux-ci poursuivent la préparation du référendum annoncé. Au tout début de novembre un livre « blanc » a été publié qui décrit la souveraineté-association et rappelle les motifs principaux de ceux qui la préconisent. Le 20 décembre, juste à temps pour les « fêtes », le texte de la question référendaire a été rendu public. Et, alors que la campagne électorale fédérale avance, l'électorat du Québec paraît davantage préoccupé par le choix d'un régime constitutionnel que par le choix d'une équipe dirigeante à Ottawa.

Le 9 janvier 1980, voulant confondre ceux qui affirment que son « fédéralisme renouvelé » n'a aucun contenu, Claude Ryan rend public un document de 141 pages, relié dans une couverture beige, dont le contenu décrit ce « fédéralisme renouvelé ». Les critiques suscitées par ce « livre beige » paraissent aussi sévères que celles qui ont été adressées au « livre blanc » (sur la souveraineté-association). Et, tout au long de janvier, jusqu'aux élections fédérales du 18 février, les quotidiens présentent à leurs lecteurs une quantité de commentaires, d'analyses et de points de vue en faveur ou à l'encontre du « livre beige », du « livre blanc » et du texte même de la question référendaire.

Les dirigeants du Parti québécois, réunis en « Conseil national » les 16 et 17 février, laissent entendre que le débat en cours leur est favorable. Les sondeurs leur disent que 61 pour cent des personnes interrogées à la fin de janvier estiment que la question référendaire est « honnête » (contrairement à l'opinion de Claude Ryan qui la juge malhonnête et ambiguë), alors que 54 pour cent annoncent leur intention de répondre « oui » à cette question. Il paraît en outre que si le niveau de compréhension de ce qu'est la souveraineté-association n'est pas très élevé, dans l'électorat en général, il en est de même à propos du fédéralisme « renouvelé ».

Le 18 février 1980, le lendemain de cette réunion des dirigeants du Parti québécois, les électeurs canadiens renversent leur verdict de mai 1979 : avec 148 sièges, les libéraux de Pierre Trudeau regagnent la position majoritaire qu'ils avaient perdue à la Chambre des Communes d'Ottawa le 22 mai 1979. Au Québec ils obtiennent 68 pour cent du vote, alors qu'ailleurs, au Canada dit « anglais », seuls 35 pour cent des votants les appuient. Plus de 40 pour cent des électeurs libéraux du Canada se trouvent au Québec même si le Québec ne représente que 27 pour cent de la population totale du Canada.

Alors qu'au lendemain du 22 mai 1979, René Lévesque avait salué la défaite électorale des libéraux canadiens comme étant la fin d'un rêve, celui du « French power » à Ottawa, le 17 février 1980, au lendemain du retour des mêmes libéraux au pouvoir, il s'inquiète publiquement des conséquences qui découleront, pour le Québec, de ce retour. Aux yeux de René Lévesque, les députés libéraux du Québec ne peuvent espérer rester au pouvoir à Ottawa qu'en « mettant continuellement le Québec à sa place » : pour lui, c'est là un cercle vicieux dont le Québec ne peut sortir à moins de modifier le régime fédéral lui-même.

À la fin de février, au moment où les instances autorisées du Parti libéral du Québec s'apprêtent à étudier puis entériner le projet intitulé *Une nouvelle fédération canadienne*, communément appelé « livre beige », circule la rumeur qu'un sondage récent donnerait la majorité au « non ».

Ce sondage, réalisé au début de février, révèle en effet que 52 pour cent des répondants ont indiqué leur intention de dire « non » à la question référendaire, 7 pour cent étant discrets ou indécis. Dans l'hypothèse où les discrets et les indécis s'abstiendraient, et où les intentions exprimées seraient confirmées lors du référendum, les données de ce sondage publiées par Radio-Canada le 7 mars 1980 annoncent la victoire du « non » par 57 pour cent (contre 43).

Cette bonne nouvelle, jointe à la victoire des libéraux fédéraux aux élections fédérales du 18 février, consolide la bonne humeur des dirigeants du Parti libéral du Québec. C'est avec confiance que ceux-ci s'engagent, à l'Assemblée nationale, dans l'examen de la question référendaire proposée par le gouvernement de René Lévesque. Le gouvernement jouissant d'une solide majorité à l'Assemblée, pour les députés libéraux, il s'agit de tirer le meilleur parti du débat parlementaire autorisé par les règlements.

Le débat sur la question référendaire dure jusqu'au 20 mars 1980. Les libéraux qui l'ont abordé avec un excès de confiance et une attitude plutôt négative y font finalement moins bonne figure que les députés du Parti québécois. Évidemment désireux de marquer des points, ces derniers ont préparé leurs interventions avec soin : celles-ci ont eu l'effet escompté auprès des nombreux électeurs qui suivent les débats parlementaires sur leurs écrans de télévision. Un sondage réalisé au cours de la deuxième semaine de mars, par l'Institut québécois d'opinion publique (IQOP) révèle bientôt que le « oui » a repris l'avance. Les résultats de ce sondage, publiés dans l'hebdomadaire *Dimanche-Matin,* le 16 mars 1980, accordent 47 pour cent des intentions de vote au camp du « oui », 9 pour cent des répondants restant indécis ou discrets et 44 pour cent s'affichant fidèles au « non ».

Le 20 mars, la question est finalement adoptée par l'Assemblée, grâce au vote des députés du Parti québécois, appuyés en la circonstance par Rodrigue Biron, qui a abandonné le 3 mars l'Union nationale dont il était le chef.

L'appui de Rodrigue Biron au camp du « oui » a déchiré les membres de l'Union nationale qui, dans l'ensemble, préfèrent assurer au Québec à la fois la plus grande autonomie possible et tous les avantages de sa participation à l'ensemble politique et économique que constitue la fédération canadienne. Mais Rodrigue Biron n'est pas le seul à briser les lignes de partis pour rallier le camp du « oui » que domine le Parti québécois. Fabien Roy, l'ancien député de Beauce-Sud, le fait également, de même que Kevin Drummond et Jean-Paul L'Allier, deux anciens ministres libéraux. D'autres le font aussi : Fernand Lizotte, qui avait été ministre, Frank Hanley, qui avait été député, Jean-Denis Lavigne, du Nouveau parti démocratique, Eudore Allard, du Ralliement créditiste...

L'ambition des dirigeants du Parti québécois est de donner au référendum un caractère non-partisan. Ils souhaitent que le choix des électeurs s'élève au-dessus des considérations de partis politiques et porte vraiment sur l'objet de la question référendaire, c'est-à-dire un mandat au gouvernement du Québec de négocier, avec les autres éléments constitutifs de la fédération canadienne, un nouvel arrangement constitutionnel qui fasse du Québec un État souverain associé au reste du Canada par une entente de type économique.

Jusqu'à la mi-avril, au moment où commence la campagne référendaire proprement dite, de nombreux indices laissent présager la victoire du « oui ». L'impact positif sur l'électorat réalisé par les députés du Parti québécois lors du débat référendaire à l'Assemblée nationale, en mars, et l'effet d'entraînement recherché par les déclarations des « notables » favorables au « oui » paraissent contredire les augures de la fin de février. À la fin de février, après la victoire électorale des libéraux fédéraux, le « non » l'emportait. Dorénavant, c'est le « oui » qui est en avance. La publication des résultats de sondages réalisés au début d'avril et à la mi-avril le laisse penser, du moins.

Les députés libéraux à Ottawa avaient sans doute espéré et souhaité que le « non » l'emporte sans qu'ils aient eux-mêmes à intervenir. Mais les événements, en mars et au début d'avril, les convainquent de la nécessité de s'engager eux aussi, et à fond. Le 16 avril 1980, le chroniqueur Normand Girard, à l'emploi du *Journal de Québec* et du *Journal de Montréal,* titre : « Maintenant, on se sent que Ryan est deuxième pour le *non,* derrière Trudeau ». Comme Normand Girard, des milliers de Québécois tirent des déclarations du 15 avril « l'impression que, finalement, le référendum se jouera entre messieurs René Lévesque et Pierre Elliott Trudeau ». Le 15 en effet, René Lévesque a annoncé que le référendum aurait lieu le 20 mai et, à titre de premier ministre du Québec, il a confirmé la position de son gouvernement en faveur du « oui ». Le même jour, ouvrant à Ottawa le débat d'inauguration du nouveau parlement, Pierre Elliott Trudeau, à titre de premier ministre du Canada, fort de 68 pour cent des suffrages exprimés au Québec deux mois plus tôt, a confirmé la position de son gouvernement contre le « oui » et rappelé son incapacité juridique de « négocier » la souveraineté-association souhaitée par le gouvernement du Québec.

L'éditorialiste Marcel Adam commente, dans *La Presse* du 16 avril, les déclarations du premier ministre Trudeau et conclut en ces termes : « Les Québecois non-souverainistes, qui souhaitent simplement donner à leur gouvernement un mandat pour débloquer les choses, savent maintenant que celui-ci conduira à une impasse politico-juridique... »

Tout au long de la semaine qui suit, des déclarations complémentaires viennent accréditer le « refus » de Pierre Trudeau. De jour en jour, de nouvelles interventions de députés fédéraux ou de ministres des gouvernements de l'est comme de l'ouest du Canada accentuent chez de nombreux électeurs la conviction qu'un « oui » majoritaire au référendum, bien loin d'amener le reste du Canada à « concéder » quelque chose au Québec, accroîtra l'hostilité à l'égard du Québec.

Lors du sondage réalisé en juin 1979 sous la direction d'Édouard Cloutier, 54 pour cent des répondants avaient dit qu'ils voteraient contre la souveraineté-association s'il n'apparaissait pas certain que les négociations réussissent (question 68). Pourtant, seulement 42 pour cent des répondants avaient dit qu'ils voteraient « non » si la question référendaire était « Êtes-vous pour la souveraineté-association ? » (question 67). En outre, à une question référendaire hypothétique (à l'époque) visant à donner un mandat pour négocier la souveraineté-association, seulement 30 pour cent des répondants de juin 1979 auraient répondu « non » (question 71).

À la fin d'avril 1980, il devient évident que les dirigeants du Parti libéral du Québec ont réussi à convaincre la majorité que le gouvernement de René Lévesque demande un mandat de négociation simplement parce qu'il croit pouvoir l'obtenir, alors que son objectif réel est de faire du Québec un État souverain, ce à quoi la majorité des Québécois s'objectent. Il paraît évident par ailleurs que les déclarations des dirigeants du gouvernement fédéral et des dirigeants des gouvernements des provinces autres que le Québec ont convaincu la majorité de l'inutilité du référendum : celui-ci, aux dires de ces dirigeants politiques, ne peut pas mener à des concessions en faveur du Québec, au contraire.

Un argument supplémentaire fait la manchette au début de mai : pour sortir de l'impasse constitutionnelle et réaménager le partage des juridictions entre le gouvernement fédéral et les gouvernements provinciaux, il faut, après avoir refusé au Parti québécois le mandat qu'il réclame, mettre les libéraux au pouvoir à Québec. Et, manifestement, ce dernier argument porte tout autant que les autres.

Les résultats des sondages réalisés à la fin d'avril puis au début de mai le montrent bien. Le 9 mai, le Centre de recherche sur l'opinion publique (CROP) révèle l'avance du « non », par 45 à 40 avec 15 pour cent d'indécis ou discrets. Le 11 mai, cette avance est confirmée par l'Institut québécois d'opinion publique (IQOP). Puis, à quatre jours du scrutin, les journaux publient de nouveaux résultats encore plus favorables au « non » (non 49, oui 37, autres 14). Le scrutin, le 20 mai, reproduit presque parfaitement les proportions enregistrées dans ce dernier sondage, réalisé sous la direction des professeurs Maurice Pinard et Richard Hamilton de l'Université McGill : non 51, oui 35, abstentions 14. Parmi les votants, 1,485,761 (40,4 pour cent) ont finalement opté pour le « oui », et 2,187,991 (59,6 pour cent) pour le « non ».

Avec ce résultat, dit René Lévesque, la balle est « renvoyée dans le camp du fédéral... et il appartiendra aux fédéralistes, et d'abord à monsieur Trudeau, de mettre un contenu dans toutes ces promesses qu'ils ont multipliées depuis 35 jours. Ils ont dit que si nous votions « non », ça voulait dire que le statu quo était mort et enterré, et que les Québécois n'auraient pas à le regretter... »

Ce résultat, pour Claude Ryan, signifie que le peuple du Québec vient d'affirmer solennellement que son avenir réside dans le renouvellement du fédéralisme canadien.

Les pourparlers constitutionnels de l'été 1980

Dès le 21 mai, dans une déclaration à la Chambre des Communes, le premier ministre Trudeau affirme sa volonté d'engager le processus de révision constitutionnelle sans plus tarder et il invite le premier ministre du Québec, René Lévesque, à y participer. Selon son analyse, « les électeurs ont dit *non* parce qu'ils ont fait confiance au Canada. Ils ont dit *non* parce qu'ils ont accepté les assurances de monsieur Claude Ryan, celles du Parti libéral du Québec, celles des autres formations fédéralistes de cette province. Ils ont accepté les assurances des premiers ministres des autres régions du pays, du chef de l'opposition officielle, du chef du Nouveau parti démocratique, de tous mes collègues du Parti libéral du Canada et de moi-même que le changement était non seulement possible dans le cadre de la fédération mais qu'un rejet de l'option préconisée par le Parti québécois nous sortirait de l'impasse et nous permettrait enfin de renouveler notre système politique ». Monsieur Trudeau ajoute alors : « Les Québécois ne se contenteront pas de miettes, puisqu'ils veulent une constitution flambant neuve ».

Une conférence fédérale-provinciale est annoncée pour le 9 juin et René Lévesque, le premier ministre du Québec, accepte immédiatement de s'y rendre.

Dans la lettre d'invitation qu'il transmet aux premiers ministres des neuf autres provinces, Pierre Trudeau écrit : « Il nous incombe à titre de chefs de gouvernement de tenir notre promesse de modifier sans tarder la constitution du pays. Autrement, nous savons tous que la menace que nous venons d'écarter surgira de nouveau, rapidement, et avec encore plus de force ».

Pour expliquer sa hâte à convoquer les premiers ministres provinciaux, le premier ministre Trudeau s'exclame, lors d'une conférence de presse, le 29 mai 1980 :

> C'est en raison du gouvernement du Parti québécois qui, si on n'a pas débouché dans moins d'un an, dira : « je vous l'avais bien dit, le fédéralisme n'est pas renouvelable ». Il fera ses élections là-dessus et demandera un nouveau mandat sur le fait que nous n'avons pas avancé.

À la réunion des premiers ministres du début de juin 1980, les choix proposés par le gouvernement fédéral irritent le premier ministre du Québec, René Lévesque, qui veut la reconnaissance du caractère distinct de la communauté québécoise, la confirmation de son droit à l'autodétermination et l'octroi au gouvernement du Québec des juridictions nécessaires à l'expression de ses particularités. La date proposée par le gouvernement fédéral pour tenir une grande conférence constitutionnelle fédérale-provinciale paraît par ailleurs excessivement rapprochée. Cette date, la deuxième semaine de septembre 1980, ne laisse guère de temps pour les négociations préalables aux accords souhaités.

Dès le 12 juin, Claude Ryan, le chef du Parti libéral du Québec, déclare que l'ordre du jour de la conférence de septembre est trop limitatif, que l'échéancier est trop court et que la déclaration de principes proposée est à « refaire au complet ».

Le thème dominant de l'actualité, tout au long de l'été 1980, reste la négociation constitutionnelle. Malgré l'importance des énergies qui lui sont consacrées, cette négociation aboutit à un échec, au terme du « sommet constitutionnel » de la deuxième semaine de septembre.

Au delà de l'échec général, il y a tout de même accord pour maintenir la péréquation d'une partie des ressources fiscales en faveur des provinces moins prospères, et il y a accord pour modifier la Cour suprême du Canada. Mais il n'y a pas d'accord quant aux modalités et, surtout, l'unanimité n'a pu être réalisée sur aucun des autres points majeurs à l'ordre du jour. Finalement, pour employer les termes du premier ministre Trudeau à la séance de clôture de la conférence des premiers ministres le 13 septembre, « nous devons constater à la fin de cette semaine qu'aucun progrès n'a été fait en ce sens que nous ne sommes d'accord sur aucun amendement constitutionnel à faire dans les semaines ou les mois à venir ».

Plusieurs commentateurs estiment que le Parti québécois sort gagnant de cet affrontement fédéral-provincial. Aux yeux de nombreux Québécois, c'est une démonstration supplémentaire de l'impossibilité d'obtenir l'octroi de juridictions nouvelles en faveur du Québec dans le cadre du fédéralisme et c'est une démonstration que les promesses référendaires des tenants du « non » ne seront pas tenues.

Claude Ryan, le chef du Parti libéral du Québec, ne souscrit pas à une telle conclusion puisque, malgré l'échec général de la conférence, des concessions importantes ont été consenties. Il estime au contraire que la conférence est une étape et qu'il faut poursuivre les négociations, car, selon lui, « avant de procéder au rapatriement de la constitution, il faut d'abord nous entendre entre nous ».

Le 2 octobre 1980, le premier ministre Trudeau dévoile un projet de réforme constitutionnelle qu'il entend faire adopter par les parlements d'Ottawa et de Westminster, même sans l'accord des provinces. Ce projet vise à ce qu'on appelle le « rapatriement » de la constitution canadienne et comporte l'énoncé d'une série de droits et de libertés qui feront dorénavant partie de la constitution, si le projet est adopté. Parmi les droits que consacre le projet, il en est deux qui mettent en cause des législations provinciales relatives à la langue d'enseignement et à la liberté de déplacement des personnes, des biens et des capitaux. De façon générale, le projet limite les capacités législatives des provinces dans des domaines qui relèvent toutefois de leurs juridictions, en ce qui a trait aux droits collectifs et individuels.

Le projet constitutionnel du premier ministre Trudeau prévoit par ailleurs que, faute d'accord préalable sur une formule d'amendement constitutionnel, un référendum sera tenu aux fins de valider la formule d'amendement qu'avait déjà proposée le gouvernement fédéral en 1971 et que le Québec avait finalement refusée à l'époque.

Le 14 octobre, sept premiers ministres provinciaux, dont celui du Québec, se réunissent à Toronto pour discuter du projet de réforme constitutionnelle proposée par le premier ministre Trudeau deux semaines plus tôt. À l'issue de la rencontre, le porte-parole du groupe, le premier ministre du Manitoba, Sterling Lyon, annonce que la proposition de monsieur Trudeau sera contestée devant les tribunaux.

Deux jours plus tard, le 16 octobre, le premier ministre du Québec, René Lévesque, annonce que les élections générales que l'on attendait pour novembre n'auront pas lieu avant plusieurs mois. La décision de reporter à plus tard la tenue des élections repose sur la volonté de contester efficacement le projet de rapatriement « unilatéral » du premier ministre Trudeau. « Dans les circonstances, explique le chef du Parti québécois, il m'a paru nettement contre-indiqué de tenir tout de suite des élections générales qui verraient fatalement les intérêts et les affrontements partisans remplir aussitôt le paysage politique ».

Les élections partielles
du 17 novembre 1980

Le report des élections générales rend maintenant nécessaire la tenue d'élections partielles dans les quatre circonscriptions qui n'ont pas de député. Il s'agit de Johnson (en raison de la démission de Maurice Bellemare qui a pris sa retraite de la vie politique le 20 décembre 1979), de Mégantic-Compton (en raison de la démission, le 21 décembre 1979, de Fernand Grenier qui s'est porté candidat conservateur aux élections fédérales de février 1980), de Brome-Missisquoi (en raison de la démission, le 4 janvier 1980, d'Armand Russell, lui aussi candidat conservateur aux élections fédérales) et d'Outremont (en raison de la démission d'André Raynauld le 3 juin 1980).

Les élections partielles ont lieu le 17 novembre 1980. Le Parti libéral l'emporte partout, mais, contrairement à ce qu'il a vécu lors des partielles précédentes, le Parti québécois améliore sensiblement ses positions par rapport à 1976. Ces élections semblent sonner le glas de l'Union nationale, qui, en 1976, avait été gagnante dans trois de ces circonscriptions.

Depuis que Rodrigue Biron s'en est retiré, en mars 1980, l'Union nationale ne compte plus que cinq députés alors qu'elle en avait onze le soir du 15 novembre 1976. L'un des élus de 1976, William Shaw, a décidé de siéger comme indépendant (20 février 1978) ; un autre, Claude Dubois, est passé au Parti libéral (12 septembre 1979), trois autres ont démissionné (d'où les élections partielles du 17 novembre) et le chef de 1976, Rodrigue Biron, après avoir siégé à titre de député indépendant pendant sept mois, a décidé d'adhérer au Parti québécois le 2 octobre 1980.

Le député de Gaspé, Michel LeMoignan, assume la direction de l'Union nationale tout en cherchant un candidat de prestige pour assurer sa renaissance. Jean Drapeau, le maire de Montréal, est l'objet de sollicitations mais, dans une lettre datée du 26 novembre 1980, il informe les dirigeants du parti de son intention de poursuivre son œuvre à la mairie de Montréal.

L'arrivée de Roch LaSalle
à la direction de l'Union nationale

Plusieurs militants de l'Union nationale, depuis la défaite du Parti progressiste-conservateur aux élections fédérales du 18 février 1980, cherchent à recruter Roch LaSalle, le seul député conservateur qui ait conservé son siège au Québec. Ce dernier accepte finalement et, le 9 janvier 1981, il devient le nouveau chef de l'Union nationale.

Ayant été le principal et parfois l'unique porte-couleurs du Québec dans les rangs du Parti progressiste-conservateur à la Chambre des Communes depuis une douzaine d'années, Roch LaSalle a développé des relations solides avec de nombreux organisateurs conservateurs au Québec. S'appuyant sur ces relations, il compte élargir la base militante de l'Union nationale et, profitant d'une conjoncture qui peut favoriser un nouveau venu sur la scène électorale provinciale, il espère que l'Union nationale fera élire suffisamment de députés, aux élections de 1981, pour détenir la « balance du pouvoir ».

Pour un parti dont les appuis sont circonscrits, territorialement ou socialement, la division du vote entre deux grands partis peut signifier l'accès à une position d'influence plus avantageuse que celle-là même qui est faite au principal parti d'opposition : il suffit qu'aucun parti n'ait la majorité des sièges à l'Assemblée.

En janvier 1981, les rumeurs donnant le Parti québécois à égalité avec le Parti libéral du Québec dans plusieurs régions, il est tentant de croire que, l'Union nationale aidant, les prochaines élections mèneront à la constitution d'un gouvernement minoritaire appuyé par des députés de l'Union nationale.

Chez les militants du Parti québécois, on voit d'un bon œil la renaissance de l'Union nationale, car on craint qu'en l'absence de candidats de ce parti les libéraux ne l'emportent en 1981 dans plusieurs circonscriptions où des candidats du Parti québécois ont été élus, en 1976, grâce à la division de leurs adversaires. On souhaite que cette division puisse durer...

Les militants du Parti libéral évitent de se montrer agacés par une éventuelle renaissance de l'Union nationale. Des chroniqueurs, des journalistes et des éditorialistes clairvoyants consacrent néanmoins plusieurs colonnes, dans les quotidiens de janvier et février 1981, à l'examen de rumeurs voulant que l'Union nationale soit secrètement aidée par le Parti québécois ou encore à l'examen des difficultés de l'Union nationale qui rendraient illusoires les tentatives de Roch LaSalle.

Au moment où les bruits d'élection s'amplifient, à la fin de février 1981, les résultats d'un sondage réalisé entre le 18 et le 23 par l'Institut québécois d'opinion publique révèlent que l'Union nationale recueille dorénavant 7 pour cent des intentions de vote, alors qu'en 1980 elle n'en obtenait guère que la moitié. Précisément, le 10 octobre 1980, au terme d'un sondage analogue, elle n'en obtenait que 2,5 pour cent. Par ailleurs, le Parti libéral et le Parti québécois paraissent à égalité, avec 41 et 40 pour cent des intentions de vote, respectivement, c'est-à-dire à peu près la situation établie par le sondage d'octobre 1980. Toutefois, dans la mesure où les répondants qui n'ont pas indiqué leur intention de vote (12 pour cent des répondants) présentent les mêmes caractéristiques que les sympathisants libéraux, les analystes estiment que, dans la réalité d'un scrutin, le Parti libéral devancerait le Parti québécois par 48 à 44 pour cent.

Selon les données de ce sondage publiées le 27 février 1981, 49 pour cent des répondants croient le Parti libéral en avance et 32 pour cent seulement croient plutôt en la victoire du Parti québécois lors des élections qui s'annoncent (16 pour cent sont indécis et moins de 3 pour cent pensent que l'Union nationale peut l'emporter).

L'affrontement :
du 12 mars au 12 avril

Chapitre II

L'affrontement : du 12 mars au 12 avril

Tout le monde le sait maintenant : la date retenue pour les élections est le lundi 13 avril. À l'issue d'une réunion de l'aile parlementaire du Parti québécois le 24 janvier, plusieurs députés, dont le « whip », Guy Chevrette, avaient évoqué publiquement leur préférence pour cette date. Au début de février, les rumeurs se confirment à l'annonce que le discours du budget sera prononcé le 10 mars, le jour même de la reprise des travaux de l'Assemblée nationale.

Bien que le secret de la date des élections paraisse éventé, le suspense demeure. Dans notre régime parlementaire, la décision de déclencher des élections appartient au premier ministre seul et tous se souviennent que René Lévesque avait, l'automne dernier, annulé au dernier instant les élections générales fixées au 17 novembre. De fait, il ne donne le feu vert définitif pour lancer la machine électorale du Parti québécois que le 8 mars bien que son choix pour des élections au début d'avril ait été arrêté dès le 20 janvier. Comme ses prédécesseurs, il a le trac au dernier moment. Son avenir personnel et l'avenir de son parti sont en jeu, de même que les espoirs de milliers de personnes. Aussi l'atmosphère est-elle particulièrement excitante ce jeudi 12 mars 1981 au moment où l'affrontement entre les deux partis du Québec va commencer.

Jeudi, le 12 mars, 20h45

Bernard Landry, le ministre d'État au Développement économique, vient tout juste de reprendre son siège après un flamboyant discours à la défense du budget de Parizeau. Les applaudissements résonnent encore dans le Salon bleu lorsque les députés, voyant le premier ministre se lever, comprennent que le moment est arrivé. Sourire aux lèvres, René Lévesque informe la chambre qu'il a un message du lieutenant-gouverneur... à propos du 13 avril. Claude Vaillancourt, le président de l'Assemblée nationale, reçoit le message et après quelques secondes d'hésitation lance les mots attendus : « Chers collègues, la 31e Législature est maintenant dissoute ».

Les cris de joie, les applaudissements fusent dans l'auguste enceinte. Pour la première fois dans l'histoire de l'Assemblée nationale, la dissolution survient en présence des députés. Pour les 67 députés péquistes, la satisfaction est grande. Depuis un mois et demi, ils se préparent à ce moment et ils se sentent prêts à livrer une dure bataille. Pour les 34 députés libéraux, c'est la jubilation, car depuis le 20 mai ils se voient assis aux banquettes ministérielles. Les cinq députés unionistes se laissent de leur côté emporter par l'enthousiasme général mais néanmoins avec un petit serrement au cœur car pour eux l'avenir est incertain.

Toute la journée de ce 12 mars, une atmosphère de fébrilité avait régné à l'Assemblée nationale, chacun attendant d'un moment à l'autre la dissolution.

Coincidence, onze ans plus tôt, le 12 mars 1970, le premier ministre Jean-Jacques Bertrand avait lui aussi déclenché les élections un jour de session. Alors que le premier ministre unioniste avait pris les députés par surprise à l'heure du lunch, cette fois les parlementaires sont réunis sur le parquet de la chambre. Les premiers moments d'agitation laissent place rapidement à un esprit de camaraderie rarement vu dans cette enceinte. Entre adversaires s'échangent poignées de main, souhaits, adieux mêmes, tandis que René Lévesque et Claude Ryan se font littéralement happer par les journalistes.

La campagne électorale vient de commencer. Le compte à rebours indique 31 jours avant le scrutin. Trente et un jours qui serviront à déterminer un vainqueur... à moins que les jeux ne soient déjà faits.

Les députés du Parti québécois ont bon espoir, mais les libéraux, eux, sont sûrs !

Une confiance aveugle

Le 18 juin 1980, à l'occasion de la fin de la session, un « party » avait lieu dans les bureaux du « whip » de l'Opposition officielle, Robert Lamontagne. Le lendemain, un conseiller du chef libéral confiait : « On a fêté notre retour au pouvoir... il ne reste plus qu'à organiser la cérémonie de couronnement ».

Le 12 mars au soir, on discute longtemps dans les bureaux de l'Opposition officielle de ce prochain couronnement et l'issue du scrutin ne fait aucun doute dans l'esprit des députés libéraux. La confiance qui se maintient depuis le 20 mai 1980 est d'ailleurs si totale qu'elle s'est propagée aux journalistes qui, presque unanimement, prédisent une victoire libérale. Plusieurs militants péquistes sont même de cet avis.

Cette confiance n'est pas sans raison, de l'avis de la presse. Le référendum a auréolé la « grosse machine rouge » d'une image d'invincibilité que les statistiques électorales semblent confirmer. Cette image est d'autant plus forte que le Parti québécois est envahi depuis l'automne par une morosité qui le paralyse et dont il a peine à se défaire. De plus la mise en veilleuse de la souveraineté-association divise le parti tout en posant des problèmes de cohérence idéologique. L'image même du « bon gouvernement » est prise à partie par des spécialistes qui condamnent la gestion financière du ministre Jacques Parizeau. Enfin l'Union nationale, sur qui le Parti québécois compte pour diviser le vote en sa faveur, a peine à s'organiser.

L'idée d'une prochaine victoire libérale est d'ailleurs habilement entretenue par les libéraux. Pierre Bibeau, l'organisateur en chef du parti, répond lorsqu'il est question de reporter le scrutin à plus tard : « Ça ne me fait rien, on va juste être encore plus prêt qu'on ne l'est ». Et les libéraux de se replonger studieusement dans les préparatifs électoraux ! Le Parti libéral, sûr de lui, attend son heure.

Au moment où s'amorce la campagne électorale, plusieurs journalistes traduisent à leur façon cette impression générale. Ainsi Rodolphe Morissette écrit dans *Le Devoir* que l'élection se joue dans 44 circonscriptions. Une analyse détaillée des résultats du référendum et de l'élection de 76 lui permet d'affirmer qu'un minimum de 52 circonscriptions semblent acquises au Parti libéral tandis que le Parti québécois n'en aurait que 26 d'assurées.

Dans *La Presse*, le journaliste Louis Falardeau semble pencher pour une victoire libérale même s'il ne l'affirme pas directement. Dans une longue analyse, il relève un paradoxe étonnant : à Montréal, dans son premier château-fort, le Parti québécois est mal en point. Il affirme que si la polarisation souverainiste-fédéraliste se maintient comme en 1970 et en 1973, on peut prévoir que le résultat du scrutin du 13 avril sera à Montréal le même que celui du référendum alors que le « oui » ne l'avait emporté que dans trois circonscriptions.

Dans son bureau de la Grande-Allée, René Lévesque n'a cessé de maugréer depuis le début de l'automne contre les journalistes qu'il rend responsables pour une bonne part de l'image d'invincibilité accolée aux libéraux. Démobilisatrice pour les troupes péquistes, cette image est fausse, assure-t-il, convaincu que son parti reçoit de nouveaux appuis grâce au dossier constitutionnel. Il voit l'amorce d'un regain de popularité dans le résultat des élections partielles qui ont failli lui procurer une victoire dans Johnson.

Le 20 janvier 1981, devant le corps consulaire réuni à l'Assemblée nationale pour une rencontre d'information avec le gouvernement, René Lévesque prédit que son parti remportera la victoire avec 72 des 122 sièges que comptera la 32e Législature. Un sondage réalisé par le Parti québécois à cette époque révèle, après répartition des indécis, les résultats suivants : 48 pour cent des répondants appuient le Parti libéral et 44 pour cent, le Parti québécois. À cause de la concentration du vote anglophone du côté libéral, le premier ministre estime pouvoir l'emporter en dépit de l'avance apparente des libéraux.

Les membres du gouvernement partagent de manière générale la confiance du premier ministre mais ses pronostics paraissent fragiles aux yeux des journalistes qui les interprètent généralement comme une tentative d'imposer l'idée d'une victoire possible du Parti québécois pour ainsi mobiliser ses troupes.

La presse parlementaire reconnaît la possibilité
théorique d'une victoire péquiste, mais des doutes
sérieux subsistent, alimentés d'ailleurs par des
confidences de militants péquistes. Ainsi le ministre
Pierre-Marc Johnson confie, lors du Conseil national du
21 février, qu'il n'est personnellement pas en danger
dans sa circonscription d'Anjou, mais, reconnaît-il
cependant, son collègue Jacques-Yvan Morin mordra très
probablement la poussière dans Sauvé. Un chef de
cabinet affirme juste avant de partir le 12 mars pour
diriger la campagne dans une circonscription de
Montréal : « On est en train de s'auto-intoxiquer avec
nos sondages... sur le terrain ce sera une autre affaire ».
Accordant une forte avance aux libéraux, il préfère faire
des pronostics sur la prochaine course au leadership au
sein du Parti québécois plutôt que sur le résultat du
scrutin.

Dans l'organisation libérale, on ne s'alarme
nullement, même si Pierre Bibeau, le jeune organisateur
qui a succédé à Ronald Poupart et à Paul Desrochers,
reconnaît que son vis-à-vis péquiste, Michel Carpentier, a
marqué des points en février et en mars.

Fort de l'avantage de celui qui connaît longtemps
d'avance la date du scrutin, Michel Carpentier a mis en
place un scénario qui vise à roder la machine électorale.
Alors que les libéraux multiplient les colloques pour
étudier leur programme, la campagne de financement du
Parti québécois bat son plein. On regarnit les coffres avec
$3.4 millions, mais l'opération a aussi l'avantage de
constituer une répétition générale de la campagne
électorale. Les ministres de leur côté ont vu à faire les
manchettes : commissions parlementaires sur la
constitution puis sur les projets d'Hydro-Québec, sommet
économique de Montréal, enfin présentation du
cinquième budget du ministre des Finances, Jacques
Parizeau.

« C'est vrai, ils ont gagné la pré-campagne électorale », commente Pierre Bibeau qui cependant rappelle qu'au référendum le même scénario n'avait pas empêché la défaite du « oui ». Il pense reprendre rapidement le dessus avec un bon chef, de bons candidats, un bon programme et surtout avec près de 70,000 bénévoles qui pendant quatre semaines travailleront « au ras du sol ». Il y a des choses qui ne mentent pas, ajoute-t-il, évoquant les 1,000, les 2,000 et même les 2,500 militants libéraux qui pendant les dernières semaines ont participé à des conventions.

Les militants libéraux, réunis en Conseil général élargi le 14 mars au Cegep André-Laurendeau pour adopter le programme officiel du parti, sentent qu'un vent de victoire souffle sur le Parti libéral. Ils ne sont pas les seuls à le penser, l'unanimité à ce propos est même presque totale.

Les enjeux

René Lévesque et Claude Ryan établissent dès le lendemain de la dissolution de la chambre les enjeux de la lutte électorale. À les croire tous deux, le Québec se prépare à connaître une autre campagne référendaire. « Le Québec d'abord et avant tout », affirme le premier ministre alors que son opposant décrit cette élection comme « la suite logique du référendum ».

La réalité sera différente.

Ainsi à Lachute, chef-lieu du comté d'Argenteuil, le chef du Parti libéral donne le coup d'envoi à sa campagne, dimanche après-midi, le 15 mars. Il propose avant toute chose de redonner au Québec une administration et des finances saines, un gouvernement dont l'objectif sera, comme le dit le thème de la campagne libérale, de travailler « pour du vrai progrès ».

Le 15 mars également, dans la circonscription de Saint-Henri, le chef du Parti québécois lance sa campagne. Derrière le thème de la campagne péquiste, « Il faut rester forts au Québec », se dégage toutefois le traditionnel mandat de consolidation que recherche tout gouvernement sortant : il faut consolider les réformes réalisées depuis quatre ans et demi, consolider aussi le Québec menacé sur le front constitutionnel par les ambitions du premier ministre Trudeau qui peut compter sur l'appui de Claude Ryan.

À Saint-Hyacinthe, le même jour, le chef de l'Union nationale, Roch LaSalle, ajoute son grain de sel à l'occasion d'un colloque sur le programme de son parti. L'Union nationale misera pour sa part sur des idées et un programme simples pour relancer l'économie du Québec, mettre un frein aux grèves et donner au Québec la place qui lui revient au sein de la fédération canadienne. Bref, il faut « revenir au bon sens », comme le dira le thème de la campagne unioniste.

LaSalle : un chef mal préparé

L'Union nationale, de toute évidence, est prise au dépourvu par un scrutin qu'elle savait pourtant imminent. Les coffres sont toujours vides et en dépit d'une campagne de financement qui est en cours depuis un mois on ne sait comment trouver le million de dollars dont on avait estimé avoir besoin. Le recrutement des candidats n'est pas terminé non plus. Le Parti québécois et le Parti libéral ont retardé quelques conventions afin d'animer la première semaine de campagne, mais à l'Union nationale il manque pas moins de 50 candidats au moment où le décret électoral est émis.

Le huitième chef de l'Union nationale, qui ne démissionnera de son siège aux Communes que le lendemain, ne manque pas d'ardeur pour autant ce premier dimanche de campagne. Le « gars du peuple » fait flèche de tout bois devant quelque 600 militants. Il accuse le Parti québécois d'avoir « perdu son âme » en mettant en veilleuse son option souverainiste, traite les libéraux « d'éternels écrasés » devant Ottawa, vante enfin les solutions simples que contient le programme unioniste.

L'ardeur ne peut pas compenser le manque de préparation cependant. On note rapidement les hésitations de Roch LaSalle qui devra à toutes fins utiles prendre quelques jours avant de donner le coup d'envoi officiel à sa campagne fixé au dimanche suivant, le 22 mars. Entre-temps, il complétera son organisation, fera quelques sorties et se mettra à l'étude de son programme qu'il connaît encore peu.

Ryan : prendre l'offensive

Claude Ryan est prêt de son côté à faire face à la musique. Il attend ce moment depuis trois ans et même s'il est fatigué par deux mois de travail intensif, consacré à finaliser le programme, il est impatient d'ouvrir les hostilités.

Le chef libéral choisit de lancer sa campagne à Lachute car il sait qu'il aura peu de temps à consacrer à ses électeurs d'Argenteuil qu'il ne reverra que deux fois jusqu'au 13 avril. Son épouse, Madeleine, veillera au grain pendant son absence.

Le 15, au matin, il est allé à la messe dans un village voisin et en arrivant à l'assemblée, il salue et discute longuement avec les 500 militants libéraux présents. Ceux-ci s'animent au son de la chanson-thème de la campagne, mais il s'agit d'une animation bien courte puisque, dès les premiers moments de l'assemblée, le maire de Lachute, Zoël Saindon, celui-là même qui avait cédé son siège de l'Assemblée nationale à M. Ryan, s'endormira sur son fauteuil de l'estrade d'honneur.

Le député d'Argenteuil est néanmoins satisfait. Il n'aime pas les assemblées délirantes et la présentation de son ami Émile Genest, « le premier ministre du Québec le 13 avril » a dit celui-ci, l'a reconforté. Il est surtout fier des formules qu'il a trouvées pour attaquer le gouvernement.

Dans la foulée du débat sur le budget qui vient d'être déposé à l'Assemblée nationale, la stratégie libérale prévoit mettre l'accent sur la mauvaise administration du gouvernement quitte à faire passer au second plan les autres enjeux définis par le chef. Doux retour des choses, car c'est avec les mêmes formules employées par le chef péquiste contre le premier ministre Robert Bourassa que Claude Ryan attaquera le gouvernement sortant !

« *Championnat* du chômage, des déficits publics, de l'endettement, des faibles investissements », lance Claude Ryan à celui qui en 1976 attribuait au gouvernement libéral la triple couronne des championnats du chômage, des déficits et des impôts.

La formule fera bon usage puisque, partout où il va par la suite, il parle systématiquement des « championnats du Parti québécois » et la liste qu'il consigne dans son petit calepin noir contiendra finalement 21 championnats.

Par ses attaques sur la gestion des affaires publiques faite par le Parti québécois, Claude Ryan estime qu'il pourra reprendre dès les premiers jours l'offensive, consolider l'avance qu'il croit détenir sur le terrain et mettre ainsi l'adversaire sur la défensive. Aussi il n'est pas question de mettre l'accent sur les projets libéraux pendant les premiers jours de la campagne, mais plutôt de frapper l'adversaire.

Le discours de Claude Ryan n'est pas nouveau, exception faite des adaptations nécessaires à l'actualité quotidienne. En fait il condense dans son discours de Lachute et les autres qui suivront les arguments qu'il déploie depuis qu'il est chef du Parti libéral.

Ainsi sur le plan économique, après avoir dénoncé le budget de Parizeau et le « déficit astronomique » de $3 milliards, il propose de relancer l'économie en misant sur l'entreprise privée plutôt que sur l'État. L'économie québécoise relancée, les finances publiques s'assainiront d'elles-mêmes, pense-t-il, grâce à l'accroissement des impôts qui en résultera.

Depuis longtemps le chef libéral s'inquiète de l'état des libertés personnelles au Québec, et il accuse le gouvernement de les avoir délaissées au profit des seules libertés collectives. Il en a résulté, dénonce-t-il, une croissance excessive de la bureaucratie et des abus dont les citoyens se plaignent, notamment dans l'application de lois comme la Charte de la langue française et la Loi sur la protection du territoire agricole. Aussi propose-t-il de remettre à l'honneur la primauté des libertés personnelles, que seul le Parti libéral peut garantir.

Encore plus que les libertés personnelles, la question de l'unité entre Québécois de différentes souches l'inquiète. De nombreux militants du Parti québécois identifient inconsciemment l'État et la nation québécoise à la seule majorité francophone, rejetant ainsi anglophones et allophones. À la limite, une telle conception pourrait conduire à une forme d'État totalitaire, dit-il, soulignant qu'en contre-partie, seul, le Parti libéral intègre toutes les couches et tous les groupes de la société québécoise.

La question de l'avenir constitutionnel a été réglée lors du référendum, mais l'incertitude et l'équivoque persistent, affirme M. Ryan qui prétend que le Parti québécois n'a même pas mis en veilleuse son option souverainiste. Tant que ce parti sera au pouvoir, ajoute-t-il, le danger de sécession existera.

Lévesque : confiance et méfiance

Plus que son adversaire libéral, René Lévesque a le sens des formules. Il a habitué les Québécois aux formules-choc. Ses organisateurs, formés à son école, possèdent le sens du spectacle. Aussi l'assemblée qui a lieu le premier dimanche de campagne dans la circonscription de Saint-Henri, un « comté » menacé dit-on, sera-t-elle théâtrale comme bon nombre de réunions qui suivront.

René Lévesque apparaît sur l'estrade d'honneur entouré de vingt-cinq candidats, dont plusieur ministres, pour illustrer le message qu'on retrouvera tout au long de la campagne, « l'équipe Lévesque ». Quelques ministres retenus dans d'autres assemblées participeront aussi, par téléphone, à cette assemblée. Chose qu'il fait rarement, Lévesque a pris la peine de se mêler à la foule de près de mille personnes pour serrer des mains avant de monter à l'estrade d'honneur.

Le premier ministre, en grande forme, a mis au point quelques mots de passe qui le suivront tout au long de la campagne. Deux de ces mots résument tout le message : confiance et méfiance.

Parler de confiance, c'est pour René Lévesque sa façon de réclamer aux électeurs un nouveau mandat. Lorsque les Québécois ont confiance en eux-mêmes, ils réalisent des progrès comme l'illustrent les réalisations de son régime, dit-il. Le Parti québécois s'étant montré fiable, les Québécois devraient lui renouveller leur confiance.

La méfiance dont parle le premier ministre doit s'exercer à l'endroit de l'adversaire, le Parti libéral. Dénonçant les attitudes des porte-parole du Parti libéral lors des débats parlementaires sur la langue, sur l'assurance-automobile et sur la protection du territoire agricole, il demande : « Pour qui est ce vrai progrès que les libéraux promettent ? Pour l'ensemble des Québécois ou pour les spéculateurs et les exploiteurs ? »

Tout au long de la campagne, le discours du chef péquiste évoluera autour de ces deux thèmes de la confiance et de la méfiance. Comme les militants libéraux, les militants péquistes auront droit à du réchauffé, car depuis vingt ans qu'il est en politique, René Lévesque parle de confiance et propose aux Québécois de prendre en main leur développement économique. La méfiance n'est pas un thème neuf non plus, car depuis plusieurs mois les membres du gouvernement péquiste mettent en garde les Québécois contre les libéraux.

La hargne et la violence que met toutefois le premier ministre dans sa dénonciation du Parti libéral dans le sous-sol enfumé de l'église de Saint-Henri où il lance sa campagne étonnent. Après avoir fait un rapprochement entre les libéraux d'une part et les exploiteurs et spéculateurs d'autre part, le premier ministre poursuit dans la même veine avec la politique linguistique du Parti libéral qu'il entend dénoncer avec insistance, au point d'en faire un thème majeur de sa campagne.

Le premier ministre est convaincu qu'en matière linguistique le Parti libéral joue sur deux tableaux, présentant des discours différents aux francophones et aux anglophones. Aux premiers on promet d'amender la loi 101 en y insérant la « clause Canada », ce qui serait un moindre mal si on exigeait une contrepartie du

Canada anglais, dit-il. Aux seconds, on murmure dans les coins que le Parti libéral reviendra à la « clause universelle », assure-t-il à son auditoire.

« Ça signifie que des immigrants de Hong-Kong ou de New York, de Liverpool ou de Cape Town, de n'importe où sur les cinq continents, trouveraient un Québec *wide open* », lance-t-il en mordant dans les mots à propos de cette clause universelle. « Autrement dit, poursuit-il, ils auraient le droit automatiquement de venir enrichir la minorité anglophone et d'assimiler au coton tout ce qu'ils peuvent ».

« Un progrès pour les assimilateurs, mais pas pour le Québec français. Un progrès de l'affaiblissement collectif du Québec », de conclure le premier ministre avant de s'en prendre sur cette lancée aux attitudes de son opposant libéral en matière constitutionnelle. Il se contente de rappeler une phrase récente de monsieur Ryan à l'endroit du premier ministre Trudeau qu'il juge révélatrice. « OK boss, come back to the bargaining table », avait dit le chef libéral quelques jours avant l'élection. Pour monsieur Lévesque, pas besoin d'en dire plus pour montrer que, seul, le Parti québécois est capable de défendre les intérêts du Québec.

Les stratèges du Parti québécois semblent avoir le même objectif que ceux du Parti libéral, mettre l'adversaire sur la défensive. À la différence des libéraux, ils semblent croire cependant que celui qui réussira sera celui qui sera le plus agressif.

Première semaine :
une surenchère d'accusations

La première semaine de campagne pour les deux grands partis prend une allure plutôt classique. Dans les comtés on bat le rappel des militants appelés à faire leur part. Les dernières conventions pour le choix de candidats fournissent des tribunes aux ténors des deux partis pour faire entendre leurs voix. De leur côté, les chefs, avec leurs « suites » de journalistes et de conseillers, commencent à battre la province.

L'absence, dès le début de la campagne, de deux importants média d'information, Radio-Canada et Radio-Québec, renforce le caractère classique que semble vouloir prendre la campagne. Les autres média, dont les moyens sont plus modestes que ceux des deux sociétés d'État affectées par des grèves, concentrent leurs efforts presque uniquement sur la « couverture » des chefs. Les grands quotidiens feront un effort particulier, mais le peu d'intérêt soulevé par la campagne incite certains patrons de presse à revenir rapidement à plus de modestie.

Les projecteurs sont tous braqués sur René Lévesque, Claude Ryan et Roch LaSalle au début de cette campagne et ils le resteront jusqu'à la fin, laissant dans l'ombre les débats sectoriels et régionaux. Le sens des communications des uns, l'absence de stratégie de communications des autres, deviennent vite des atouts ou des handicaps importants alors que les faits et gestes des chefs sont scrutés à la loupe quotidiennement et que chaque faux-pas risque de constituer la manchette du lendemain.

Dès cette première semaine, René Lévesque adopte le rythme modéré qui lui permettra de garder le tempo jusqu'au jour du scrutin. Il se consacre surtout à la région de Montréal et de Québec, sans oublier sa circonscription de Taillon où il passera jusqu'au 13 avril au moins une journée par semaine.

Le clou de la première semaine de campagne du Parti québécois est la présentation, à Québec le 18 mars, du programme péquiste pour cette élection. Les trois « clefs » de ce programme sont : économie, famille et autonomie. Peu d'assemblées sont tenues durant cette semaine parce que, partout au Québec, les organisations électorales sont préoccupées par la révision des listes électorales et la mise en place de l'appareil électoral si bien qu'elles ont peu de temps à consacrer à la préparation de grands rassemblements sauf dans le cas des conventions. On voit donc le premier ministre aller dans « le champ », rencontrer les citoyens.

À la différence de Lévesque, Claude Ryan adopte dès le départ un rythme endiablé. Manifestement le Parti libéral veut donner le ton à la campagne. Dès l'émission du décret électoral, les candidats libéraux avaient eu pour mot d'ordre de se précipiter chez les directeurs de scrutin remettre leurs bulletins de présentation et, le lendemain, plusieurs circonscriptions étaient déjà placardées d'affiches rouges. Le rôle de Claude Ryan maintenant allait être d'imposer ce rythme au plan national.

Le député d'Argenteuil semble être présent partout à la fois. Le lundi il visite Rimouski, Mont-Joli, Baie-Comeau, et Alma puis, le lendemain, Chapais, Chibougamau, Amos, Taschereau. En quatre jours il fait le tour de la province, laissant les journalistes fatigués et perplexes puisque partout où il passe ses rencontres se limitent strictement à la famille libérale et à la presse locale et régionale. La stratégie est d'encourager les militants libéraux au moment où les opérations de porte-à-porte vont se mettre en branle et de compenser l'absence de grands média en diffusant le message électoral par l'entremise des média locaux et régionaux.

Partout où ils passent, les deux chefs répètent leurs discours classiques. Le tout serait vite devenu ennuyant si dès ce moment ils ne commettaient pas leurs premières erreurs en se lançant dans une série d'attaques très dures.

Ainsi Claude Ryan qui n'a pas apprécié se faire traiter d'assimilateur par son adversaire a-t-il préparé une réplique cinglante. « C'est du racisme dangereux », lance-t-il à Baie-Comeau le lundi après-midi, 16 mars, demandant aux Québécois de ne pas réélire « un parti dont le chef lui-même donne l'exemple de l'exploitation abusive des tensions linguistiques et culturelles qui risquent toujours de diviser les communautés ».

Monsieur Ryan en a gros sur le cœur. Dans un journal de propagande distribué par le Parti québécois dans la région de Québec, juste avant le déclenchement de l'élection, on a affirmé de façon démagogique que le Parti libéral est dominé par les anglophones. Ayant déjà eu à subir les accusations de vendu, inféodé, Lord Durham, il trouve que c'en est trop. Il accuse le Parti québécois de jouer un jeu « criminel et dangereux » et qualifie les militants péquistes de « fanatiques ».

Loin de vouloir en rester là, René Lévesque en remettra en disant, mardi le 17 mars, à ceux qui lui reprochent de jouer trop dur : « Si vous n'êtes pas capables de supporter la chaleur dans la cuisine, sortez-en ».

Ce même mardi, dans la circonscription de Chauveau, le premier ministre succombe à nouveau à la tentation de ridiculiser son adversaire. Il se met à personnifier Claude Ryan devenu Salomé dansant pour « émoustiller » le roi Hérode afin d'obtenir la tête de Jean-Baptiste. Avec le mime et la moquerie, il fait danser devant ses partisans « notre Salomé nationale » qui un à un laisse tomber ses voiles. Le voile constitutionnel d'abord, alors que Salomé dit à Trudeau : « Boss, come back to the bargaining table ». Le voile de l'Asbestos où

Salomé danse la valse-hésitation. Le voile linguistique où Salomé offre « la tête de Jean-Baptiste à ceux qui nous ont toujours exploités ».

Dans une charge d'une rare violence verbale, le premier ministre dit aussi de Ryan qu'il est un éditorialiste qui a dévié de sa route, qu'il est un homme politique du 19e siècle, un commis, une autruche, un bonhomme sept-heures.

Claude Ryan préfère ne pas répliquer à de telles attaques, mais curieusement il chargera à son tour, non pas René Lévesque, mais Roch LaSalle qu'il a déjà pris à partie à maintes reprises depuis un mois à propos de son envergure intellectuelle. Rejetant les prétentions du chef unioniste qui affirme, le 17 mars, qu'à travers lui c'est la classe ouvrière qui est attaquée, le chef libéral en rajoute. En 15 ans de vie politique la seule contribution au développement de la pensée politique de cet homme aura été d'affirmer qu'à titre de ministre « sa job consistait à faire du patronage », dit-il, mercredi le 18 mars, de l'ancien député fédéral, ajoutant qu'il n'avait pas la stature pour diriger la province.

Exhortés par les éditorialistes, René Lévesque et Claude Ryan mettent un terme à cette escalade verbale à la fin de cette semaine. S'il se dit encore de « gros mots » dans les coins, pour leur part les chefs feront preuve de retenue jusqu'à la fin de la campagne. Un peu plus tard toutefois le leader libéral se laissera aller à dire crûment ce qu'il pense de la vice-présidente de l'Assemblée nationale, madame Louise Cuerrier : mettant en doute la compétence de celle-ci pour diriger les débats, il affirme avoir été tolérant « parce que c'est une femme ». Loin de se transformer en une autre affaire des Yvette comme l'imaginent rapidement certains, la bourde lui mérite néanmoins de se faire qualifier de sexiste.

Deuxième semaine :
une surenchère de promesses

Heureux du déroulement de sa première semaine de campagne, l'aspirant premier ministre croit que la deuxième semaine devrait se dérouler tout aussi bien. Tout en gardant le rythme endiablé de la première semaine, avec des journées de 14, 16 et même 18 heures, il entend se consacrer pour les deux prochaines semaines aux circonscriptions de la région de Québec et de Montréal ainsi que celles situées de part et d'autre du fleuve Saint-Laurent entre ces deux villes. Selon les libéraux, c'est là que se gagnera l'élection. Il se propose aussi de présenter maintenant un côté plus positif à son discours en annonçant les projets que réalisera un gouvernement libéral. Il se lance donc dans les engagements électoraux.

Après avoir tant critiqué l'administration du ministre des Finances qui, selon lui, a mené le Québec au bord du gouffre, il n'est pas question d'aller proposer un accroissement des dépenses de l'État. On fait toutefois le pari d'illustrer à l'intention des électeurs, avec des engagements modestes, que sous un gouvernement libéral le Québec pourra faire de « vrais progrès » mais sans mettre en péril sa santé financière puisque ces engagements seront limités à $200 millions. Alors que le Parti québécois a déjà commencé à faire des promesses aux électeurs, on espère le doubler sur sa gauche.

Le premier engagement s'adresse aux agriculteurs à qui Claude Ryan promet que la Loi de protection du territoire agricole sera non seulement maintenue mais encore que son application sera étendue à tout le territoire agricole. Seuls quelques amendements seront apportés pour notamment prévoir un droit d'appel aux décisions de la Commission de la protection du territoire agricole.

Les libéraux avaient voté contre le projet de loi et décrié son application au point que le geste apparaît comme une volte-face.

René Lévesque applaudit à la manœuvre et suggère que le Parti libéral n'a rien à proposer qui soit bien différent de ce que fait le gouvernement pour les agriculteurs. De son côté le ministre de l'Agriculture, Jean Garon, fait la preuve que les libéraux promettent n'importe quoi, et même d'abolir une taxe de vente sur les machineries agricoles qui n'existe même pas, dit-il.

D'autres engagements suivent : transférabilité des régimes de retraite privés, indexation des prestations d'aide-sociale, libéralisation du régime de prêts-bourses pour les étudiants, travail à temps partiel pour les femmes et crédit d'impôt de $250 aux femmes mariées retournant aux études, allocations familiales dès le début des grossesses, des « allocations au fœtus » d'ironiser certaines féministes.

Pendant que le chef libéral dispense ainsi sa manne électorale, René Lévesque puise lui aussi à une corne d'abondance qui est bien garnie. Il a même commencé avant son adversaire à faire une promesse quotidienne à l'électorat.

Aux petites et moyennes entreprises, il promet l'épargne-actions ; aux étudiants, le remboursement d'une partie des dettes d'étude et le versement d'un bonus de $3,000 à l'entreprise embauchant un jeune chômeur ; aux femmes, la création de 10,000 emplois à temps partiel ; aux familles dont un seul membre travaille, une réduction d'impôt de 10 pour cent.

La surenchère entre les deux partis devient encore plus flagrante lorsque que, quelques jours après le Parti québécois, le Parti libéral dévoile une politique d'accès à la propriété. Alors que le Parti québécois promet des prêts à taux préférentiels et l'effacement d'une partie de l'hypothèque à la naissance d'enfants, le Parti libéral s'engage à verser une subvention équivalent à 10 pour cent du coût d'une maison ou d'un appartement neuf d'une valeur maximale de $50,000.

Claude Ryan accuse le vendredi 27 mars son adversaire de jouer les Père Noël et de ramener le Québec aux pratiques d'antan alors qu'on achetait les consciences des électeurs à coups d'argent. Il noircit le tableau en assurant que le gouvernement Lévesque n'aura pas le choix s'il veut tenir ses engagements : il devra augmenter le déficit ou augmenter les impôts.

Le Parti québécois a prévu le coup. En planifiant la campagne électorale, mandat avait été donné aux ministres d'État d'évaluer la faisabilité et le coût de chacun des engagements envisagés. Aussi le ministre Jacques Parizeau est-il en mesure de chiffrer les promesses, le jeudi 26 mars, alors qu'il est à Val d'Or. Les engagements du gouvernement n'entraîneront des dépenses que de $25 millions la première année et $150 millions la deuxième année. Au total, un maximum de $750 millions en quatre ans. Ceux de Claude Ryan pour les quatre prochaines années entraîneraient, estime Jacques Parizeau, des dépenses variant entre $1.4 et $2.2 milliards, ce qui grugerait d'un seul coup la marge de manœuvre financière de l'État qu'il estime à $1.6 milliards pour cette même période.

Les libéraux voulaient faire connaître leur programme de gouvernement. Ils créent au contraire un doute quant à leur capacité de gérer les finances de la province tout en ayant l'air d'approuver les grandes politiques du gouvernement sortant. Ils paraissent opérer une série de volte-face, notamment en matière agricole avec l'acceptation du zonage et même avec la nationalisation de l'Asbestos pour laquelle ils ont finalement « un préjugé favorable ».

Les promesses du Parti québécois ont amené les porte-parole du Parti libéral à faire des promesses à leur tour, afin de donner un caractère positif à leur campagne, disent-ils. Cependant les attaques virulentes de la première semaine à l'endroit de Claude Ryan les amènent à vouloir faire la preuve en même temps qu'ils ne sont pas des spéculateurs et des exploiteurs et que Claude Ryan, contrairement à ce qu'on dit, n'est pas un bonhomme sept-heures qui va défaire tout ce que le gouvernement vient de réaliser.

À la fin de cette deuxième semaine de campagne, les organisateurs constatent qu'ils ont fait fausse route avec leurs promesses et leurs nuances. Ils voulaient prendre l'offensive et voilà qu'ils font le jeu de l'adversaire en se mettant eux-mêmes sur la défensive. Au sommet de la pyramide libérale on l'avait réalisé peu à peu. Mais voilà que samedi matin, le 28 mars, en ouvrant leurs journaux, les partisans libéraux réalisent que tout ne tourne pas rond. Avec un serrement au cœur, ils prennent connaissance des résultats de deux sondages qui donnent une forte avance au Parti québécois.

Les premiers sondages

La Presse présente un sondage réalisé par la maison CROP. Selon ses résultats, 41 pour cent des répondants appuient le Parti québécois, 32 pour cent le parti de Claude Ryan, 3 pour cent l'Union nationale, alors que 21 pour cent se disent indécis ou refusent de répondre. Abstraction faite des non-réponses, l'Union nationale passerait à 4 pour cent des intentions de vote alors que le Parti québécois écraserait le Parti libéral par 54 pour cent contre 42 pour cent.

Le Soleil et *The Gazette* publient de leur côté le même jour les résultats d'un sondage réalisé par SORECOM qui annoncent que 44 pour cent des répondants appuient le Parti québécois, 38 pour cent le Parti libéral, 5 pour cent l'Union nationale, ce qui donnerait, en faisant fi des 12 pour cent d'indécis, 50 pour cent des voix au parti de René Lévesque et 44 pour cent à son adversaire libéral. Le sociologue Maurice Pinard qui a dirigé le sondage estime que 75 sièges iraient ainsi au Parti québécois, mais, croit-il, les deux grands partis sont plus près l'un de l'autre qu'il ne le semble, à cause des indécis qui sont favorables aux libéraux plutôt qu'aux péquistes.

Les deux sondages révèlent aussi un degré de satisfaction très élevé de l'électorat à l'endroit du gouvernement (59 pour cent pour SORECOM et 60 pour cent pour CROP), un fort taux de popularité du premier ministre Lévesque chez les francophones (54 pour cent contre 24 pour cent pour Claude Ryan selon SORECOM) ainsi qu'une avance du Parti québécois dans une majorité de régions.

Les sondages sont toujours reçus avec méfiance par les organisateurs politiques car l'expérience passée révèle la fragilité des conclusions qu'on peut tirer de leur analyse. Aussi se livre-t-on à des pondérations qui au total mettent péquistes et libéraux probablement nez-à-nez. Dans le dictionnaire libéral, être nez-à-nez avec les péquistes, cela signifie toutefois la défaite à cause de la concentration du vote des anglophones très favorables aux libéraux dans un petit nombre de circonscriptions.

La réalité n'est pas telle que l'indiquent les sondages, affirment donc les principaux organisateurs libéraux qui depuis l'arrivée de Claude Ryan à la tête de leur parti ont toujours préféré se fier aux « pointages » effectués dans chaque circonscription. Ces « pointages » leur prouvent en effet que leur avance se maintient alors que les sondages annoncent que l'avance qu'ils croyaient détenir sur le Parti québécois depuis le référendum n'existe plus et que la stratégie adoptée pour la campagne est inadéquate. Certains organisateurs entendent une sonnette d'alarme à la lecture des résultats des sondages, mais ce n'est pas le moment, à mi-campagne électorale, de remettre en cause les méthodes et la stratégie de fond élaborées depuis des mois.

Claude Ryan reconnaît, le lendemain de la publication des sondages, que l'élection n'est pas encore gagnée. Il se dit même heureux de l'électro-choc que ces deux sondages procurent aux militants : ces derniers s'étaient installés trop confortablement dans leur conviction de la victoire. Inversement, René Lévesque craint que ces sondages ne démobilisent ses partisans et dans une lettre qui est adressée aux 122 candidats et à leurs organisateurs, il affirme : « Méfiez-vous ».

Troisième semaine :
changement de cap au Parti libéral

Les organisateurs libéraux au quartier général de la rue Gilford avaient senti que tout ne tournait pas rond bien avant que ne soient connus les résultats de ces sondages. Depuis le début de la deuxième semaine de la campagne, le standard téléphonique ne dérougissait pas. Des militants, des organisateurs de plusieurs circonscriptions appelaient pour demander qu'on cesse au plus tôt cette surenchère de promesses qui était en train de ridiculiser le parti. Après avoir martellé le « clou » du déficit et de la mauvaise administration, voilà qu'on va tout détruire en donnant l'occasion à l'adversaire de prétendre que l'aspirant premier ministre ferait pire que le Parti québécois. Il eût mieux valu ne jamais prendre d'engagements, faisait-on valoir.

Au cours de la semaine une stratégie de rechange est préparée en s'inspirant des remarques venant de la base. On recommande en effet de s'attaquer aux points faibles du gouvernement, son intolérance, la mise en veilleuse de la souveraineté-association et sa gestion des affaires publiques. On veut aussi mettre plus en lumière l'équipe qui entoure Claude Ryan. Aussi le dimanche 29 mars, la machine libérale est-elle prête à prendre en douceur un changement de cap important.

Le changement le plus visible est le discours de Claude Ryan qui devient plus agressif. Les idées qu'il véhicule ne sont pas modifiées, mais le style du message n'est plus le même. Devant l'urgence de la situation, on a recours à une valeur sûre, le discours référendaire.

L'enjeu principal, le seul enjeu de l'élection, devient tout à coup la séparation du Québec. Cette question, loin d'avoir été réglée au référendum, ne le sera aussi longtemps que le Parti québécois sera au pouvoir. René Lévesque peut sortir n'importe quand, de la boîte à surprise où il l'a mise en veilleuse, son option de la souveraineté-association. « Il faut terminer la tâche commencée le 20 mai, il faut que nous entrions le dernier clou dans le cercueil du P.Q. », affirme avec force l'aspirant premier ministre.

L'avenir économique du Québec en dépend dit-il aussi. Comment le Québec pourra-t-il conclure des ententes avec Ottawa à propos de l'aéroport de Mirabel, du port de Montréal ou du développement régional si on ne sait pas à quoi s'en tenir quant à son avenir politique, explique le chef libéral qui brandit à nouveau l'argument de l'incertitude.

Alors que pendant deux semaines on n'avait enfoncé qu'un seul « clou », celui du déficit et de la nécessité d'assurer au Québec des finances saines, cette question

devient maintenant secondaire tout comme on met de
côté les promesses électorales qui devaient se poursuivre
encore toute une semaine. À la place, M. Ryan abordera
plutôt divers aspects du programme, tentant d'illustrer
ainsi comment un gouvernement libéral se comportera.

Plus que jamais, le chef libéral insiste par ailleurs sur
la mobilisation de ses militants. Le travail « au ras du
sol » est la méthode favorite d'action de Claude Ryan
qui a mis au point avec Pierre Bibeau une structure
d'organisation qui permettra, espère-t-il, de toucher
environ 60 pour cent des électeurs par le biais d'un
contact personnel. Chaque section de vote compte en
moyenne trois bénévoles libéraux au travail pendant la
campagne et ceux-ci sont chargés de relayer à l'électeur
le message que le chef véhicule.

Cette technique du contact personnel devient de
plus en plus importante alors que le message que le chef
est chargé de transmettre passe mal à travers les média
d'information qui en retiennent souvent les parties
négatives. Aussi l'aspirant premier ministre évoque-t-il
tous les jours cette technique qu'il résume en citant un
proverbe vietnamien : « Petit à petit le ruisseau perce le
rocher ».

Le travail de conviction directe auprès de l'électeur
est d'autant plus nécessaire que l'image de Claude Ryan
n'est pas très bonne comme l'ont indiqué les résultats des
sondages. Et même s'il tente de reprendre l'offensive et
d'attaquer le Parti québécois à son talon d'achille, la
souveraineté-association, il lui faut continuer à se
défendre des attaques du début de la campagne et
rétablir son image.

Ainsi à Sept-Iles, le mardi 31 mars, il se sent obligé
de dire qu'il n'est pas anti-ouvrier ni anti-syndical et
qu'il n'est pas question qu'un gouvernement libéral

abolisse la Loi anti-scab, la Charte de la langue française, la Loi sur la santé et la sécurité au travail et la Loi sur la protection du territoire agricole.

Cette propension de monsieur Ryan à vouloir toujours se défendre s'explique par le fait que les attaques à son endroit ont été nombreuses depuis trois ans et, comme il l'avoue lui-même, « mentez, mentez, il en reste toujours quelque chose ». Conscient de ce handicap, l'ancien journaliste se refuse toutefois à ce qu'on établisse toute stratégie autour de l'image du chef. Ainsi il n'accepte de changer ses verres, comme ses proches le pressent de le faire depuis des mois, qu'à la dernière minute de la campagne. Et encore il hésitera quelques jours avant de porter en public ses nouvelles lunettes.

Les spécialistes en communications, fort nombreux au Parti québécois, sont rares au Parti libéral. Claude Ryan préfère se reposer sur les collaborateurs compétents qui l'entourent déjà plutôt que d'aller recruter à l'extérieur les spécialistes dont il aurait besoin. Plutôt que de recourir aux sondages pour prendre le pouls des Québécois sur divers problèmes et orienter en conséquence sa stratégie, il se fie à ses contacts directs avec les militants du parti ou avec des inconnus qu'il rencontre au gré de ses visites dans des lieux publics.

Le Mirage bleu

L'Union nationale continue à tirer de la patte, et les déboires qui affligent les libéraux ne sont rien à côté des problèmes que rencontre Roch LaSalle. Les sondages du 28 mars confirment le pressentiment des journalistes qui accompagnent le chef unioniste dans un autocar qu'ils ont baptisé le « Mirage bleu ».

L'objectif que se sont fixé les organisateurs unionistes est d'atteindre au moins 10 pour cent des voix le 13 avril et les sondages, qui ne leur en accordent que 4 pour cent, ont l'effet d'une douche froide. On est loin du « miracle de 1966 » que Roch LaSalle dit sentir en arrivant dans la salle où il lance officiellement sa campagne électorale à Saint-Jean-de-Matha, le 22 mars, une semaine après les deux autres chefs.

L'organisation unioniste ne ménage pas les efforts et son porte-drapeau se retrouve comme Ryan et Lévesque aux quatre coins de la province, même si, au lieu de se déplacer en limousine ou en avion, il n'a qu'une maison motorisée de marque Titan. On se paie même le luxe de lui faire visiter des régions comme le Pontiac où les chances de faire élire un député unioniste sont nulles. Il va aussi dans le fief libéral de Gérard-D. Lévesque, à Bonaventure, où seulement 30 personnes lui font la politesse d'aller l'entendre. La douzaine de journalistes qui l'accompagnent, le prenant un peu en pitié, l'exhortent plutôt à faire campagne dans sa circonscription de Berthier où il est en train de se faire battre.

Tant bien que mal, l'ancien député fédéral tente de faire passer son message. Chaque jour il présente un élément du programme de son parti, s'interpose entre ses adversaires à l'occasion pour les prier de mettre fin à leur scandaleuse surenchère de promesses et se rabat finalement sur le thème de « la balance du pouvoir ». Faute de fonds, il ne peut appuyer sa tournée provinciale par une campagne de publicité dans les média d'information même si le matériel, pour lequel on a dû débourser $25,000, est prêt.

Amer, monsieur LaSalle reproche à ses anciens amis conservateurs de ne pas l'avoir appuyé dans ses efforts pour financer l'Union nationale. Ceux-ci craignent que leurs efforts ne contribuent à faire élire le Parti québécois, comme l'a voulu l'analyse de plusieurs politiciens et journalistes, mais le chef unioniste constate en fin de campagne que ce sont les libéraux qui sont en train de faire élire le Parti québécois.

Lévesque : se faire discret

René Lévesque se garde bien d'aller sur le terrain où le chef libéral aimerait l'amener au lendemain des sondages. La souveraineté-association demeure un terrain glissant où il est facile de tomber dans les pièges de l'adversaire. Aussi se contente-t-il devant les attaques de Claude Ryan de répéter l'engagement solennel pris à l'automne 80, puis énoncé à nouveau dès le début de la campagne, à l'effet qu'il n'y aura pas de référendum sur la souveraineté-association au cours d'un deuxième mandat du gouvernement qu'il dirige. Pour le reste, vaut mieux se faire discret.

Si le chef péquiste a sorti les griffes pendant les premiers jours de la campagne, il les a rentrées aussitôt l'adversaire sur la défensive. Il laisse aux autres porte-parole péquistes le soin de jouer dur dans les coins et se garde dès lors le beau rôle, puisqu'il inspire confiance comme les sondages le confirment.

Les organisateurs péquistes sont convaincus d'avoir réussi à mettre l'adversaire sur la défensive ou tout au moins à le neutraliser. Les sondages des journaux, comme ceux réalisés dans une vingtaine de circonscriptions par le parti, confirment cette impression qu'ils ont commencé à percevoir les jours précédents. Progressivement les foules étaient devenues, au cours de la deuxième semaine, plus nombreuses qu'on ne l'espérait. Ainsi le jeudi 26 mars des militants avaient envahi en grand nombre l'aérogare de Val d'Or pour accueillir le premier ministre accompagné de Jacques

Parizeau. Le soir ils étaient près de 4,000 à une assemblée à Arvida. Bien qu'ils craignent que ce mouvement de foule ne puisse durer, les organisateurs ont la surprise de le voir se maintenir jusqu'à la fin. Les sommets sont une assemblée au Centre Claude-Robillard, la troisième semaine de campagne, puis, le dernier vendredi, un grand rassemblement qui réunit au Centre Paul-Sauvé 10,000 personnes.

La meilleure façon pour le premier ministre d'éviter les pelures de bananes consiste encore à répéter son discours traditionnel sur la confiance qu'il ne fera qu'adapter en intégrant les questions que lui suggère l'actualité. De plus en plus assuré de la victoire, il devient de moins en moins agressif à mesure qu'il sent le vent tourner de son côté. L'amertume et la hargne contre Claude Ryan disparaissent même de son discours à mesure que s'accroît sa propre sérénité.

Ainsi il délaisse ses attaques contre les libéraux provinciaux et leur politique linguistique, dénonçant plutôt les effets de la Charte des droits, contenue au projet fédéral de rapatriement de la constitution, sur l'avenir du français au Québec. On est loin du péril jaune, menaçant l'avenir linguistique des francophones, qu'il évoquait la première semaine.

L'attitude du chef péquiste fait penser à celle adoptée pendant la dernière campagne fédérale, celle de février 80, par Pierre Trudeau. Celui-ci se taisait, se cachait presque, disaient les journalistes, pour éviter de commettre des erreurs. Fort d'une avance sur les conservateurs, il laissait à Joe Clark tout le terrain, confiant que celui-ci serait victime de ses propres erreurs et de son image.

René Lévesque ne se cache pas mais il ne s'expose pas trop. Au début de la troisième semaine, il prend le temps de s'entretenir avec ses homologues provinciaux pour mettre au point une formule pour briser l'impasse où sont les relations fédérales-provinciales depuis l'automne dernier. Le mercredi il fait relâche. Il s'assure d'une bonne visibilité toutefois en allant rencontrer les étudiants de l'université McGill puis en participant à une assemblée monstre au Centre Claude-Robillard à laquelle 10,000 personnes assistent. En principe, cette assemblée marque le sommet de la campagne qui par la suite se fera plus discrète.

La constitution anime le débat

Au cours des deux premières semaines, selon plusieurs observateurs, la campagne électorale est terne. La prudence manifestée par le premier ministre et l'incapacité du chef Claude Ryan à provoquer ses adversaires rendent impossible tout débat. L'intérêt des foules n'est pas grand et personne ne s'arrache les journaux le matin pour savoir ce qui s'est passé la veille. Même en l'absence du Service d'information de Radio-Canada où la grève des journalistes se poursuit interminablement, les principaux quotidiens n'enregistrent aucune hausse de tirage significative, du moins pour ce qui est des quotidiens *La Presse, Le Soleil* et *Le Devoir* qui ont l'habitude de voir leurs ventes grimper de près de 20,000 copies par jour lors des élections. C'en est au point que, si l'occasion se présente, comme lors de la tentative d'assasinat du président américain Ronald Reagan, les reportages électoraux glissent de la première page aux pages intérieures.

La terre n'arrête pas de tourner à cause de la campagne électorale. Le débat constitutionnel se déroule à la Chambre des Communes et il vole la vedette pendant plusieurs jours au cours des deux dernières semaines.

Les huit premiers ministres provinciaux opposés au projet de Trudeau sont en train de mettre au point une formule de rechange et ils annoncent que, trois jours après le scrutin, le 16 avril, ils se rencontreront à Ottawa. Pendant ce temps, la Cour suprême de Terre-Neuve donne raison aux provinces contre le premier ministre fédéral. Par ailleurs, sous les coups portés par les députés conservateurs à la Chambre des Communes, le premier ministre fédéral est obligé de retraiter : il accepte de confier à la Cour suprême du Canada le soin de déterminer la constitutionnalité de son projet qui ne sera adopté qu'une fois la décision des juges rendue.

Les chefs politiques québécois qui sont tous opposés à des degrés divers au projet de rapatriement unilatéral de la constitution jubilent. Claude Ryan doit cependant cacher sa satisfaction car la très grande popularité du premier ministre fédéral parmi les militants libéraux l'oblige à beaucoup de prudence.

Les événements ont rapproché l'ancien journaliste du premier ministre Trudeau depuis trois ans, mais en privé il ne s'en montre pas toujours heureux. Il ne peut critiquer, comme son style direct l'y amènerait naturellement, les gestes du gouvernement fédéral qui lui déplaisent. Il ne peut afficher non plus ouvertement les positions nationalistes qui lui tiennent à cœur. Au contraire, ne voulant pas paraître trop autonomiste, il défend souvent le gouvernement fédéral.

Cette attitude à l'égard du gouvernement fédéral lui joue un vilain tour à la fin de la troisième semaine. Des militants paniqués devant les résultats des sondages imaginent qu'il serait peut-être opportun de faire intervenir le premier ministre fédéral dans la campagne libérale. Les hypothèses s'échaffaudent d'autant plus facilement que depuis quelques jours Claude Ryan a ressorti son discours référendaire et qu'il est question pour les prochains jours d'une grande assemblée au Centre Paul-Sauvé, là même où, peu avant le référendum, monsieur Trudeau avait marqué magistralement le cours de la campagne référendaire.

Les journaux font état de cette hypothèse le vendredi 3 avril, ce qui jete une certaine consternation dans l'entourage de Claude Ryan où on a tenté en vain, la veille, d'arrêter les rumeurs. L'information fait rapidement son tour de presse à la grande satisfaction des péquistes et des unionistes qui voient là une autre occasion de pourfendre le Parti libéral, « succursale du Parti libéral fédéral ».

Loin de prendre ses distances avec le premier ministre fédéral, Claude Ryan se rapprochera encore de lui pendant les jours suivants. Il affirme d'abord que, s'il est élu, il n'ira pas à la rencontre des premiers ministres prévue pour le 16 avril. Il ajoute ensuite qu'avant toute négociation avec les alliés de René Lévesque, comme il appelle certains premiers ministres provinciaux, il préfère d'abord discuter avec le premier ministre fédéral de la possibilité de relancer les négociations constitutionnelles puis évaluer avec lui l'opportunité d'inviter les autres premiers ministres provinciaux. Le premier ministre Lévesque, entendant cela, se frotte les mains à la perspective des beaux discours qu'il fera.

Dernière semaine :
le sprint final

Il ne reste plus que sept jours avant le scrutin et les organisations électorales de chaque parti vont mettre les bouchées doubles. Au Parti québécois, une tranquille confiance règne, au point qu'on laissera venir les événements et qu'on prendra même la chance de terminer la campagne, trois jours avant le scrutin, par un rassemblement de 10,000 personnes au Centre Paul-Sauvé, vendredi, le 10 avril. Sur le terrain, on redoublera d'ardeur pour consolider l'avance qu'on croit détenir. L'Union nationale, aux prises toujours avec les mêmes problèmes de finance et d'organisation, se rabat sur les circonscription déjà représentées par des unionistes. Roch LaSalle retraite dans la région de Berthier, Nicolet et Saint-Hyacinthe devant la nécessité de sauver les meubles. Au Parti libéral le travail d'organisation s'intensifie également, l'objectif étant d'être prêt à faire sortir le vote le jour du scrutin. On tente aussi de créer l'impression d'un mouvement vers la victoire libérale en organisant des rassemblements plus imposants où Claude Ryan projette l'image d'un chef dynamique.

Les militants libéraux entreprennent cette dernière semaine plutôt confiants. Complètement remis du choc des sondages, le travail sur le terrain les a convaincus que la victoire est toujours à portée de main. Une assemblée, qui a réuni 10,000 personnes au Centre Paul-Sauvé, contribue à fouetter l'ardeur de tous. Pour entreprendre la dernière étape, leur chef a trouvé une formule percutante résumant en trois mots son message. Le Parti québécois est « hypocrite, incompétent et intolérant », dit-il à propos de la politique constitutionnelle du gouvernement Lévesque, de sa gestion des affaires publiques et de son attitude à l'endroit des libertés personnelles. Il réussit même à amener le premier ministre Lévesque sur le terrain où depuis une semaine il cherche à l'attirer.

À l'occasion d'entrevues du premier ministre au quotidien *Le Devoir* puis à *The Gazette,* le chef péquiste a apporté des précisions quant à un deuxième référendum sur la souveraineté-association. Un deuxième référendum ne pourra être tenu sur ce sujet avant la fin du prochain mandat qui toutefois pourrait ne pas durer quatre ans, explique-t-il, laissant entendre que la prochaine élection pourrait avoir pour thème la souveraineté-association. Ces précisions découlent des positions adoptées par le Conseil national du Parti québécois à l'automne.

Devant les attaques de Claude Ryan qui se délecte à son tour des erreurs de l'adversaire, le premier ministre est obligé d'apporter de nouvelles précisions. Il écarte à plusieurs reprises toute idée d'élections précipitées sur la souveraineté, et affirme qu'un prochain gouvernement péquiste restera à son poste au moins trois ans avant de déclencher des élections. Le débat semble se terminer à la faveur du premier ministre alors que le journal *The Gazette* clôt le débat en faveur de René Lévesque en lui accordant, chose rare, l'honneur de la manchette de la page une, avec un titre sans ambiguïté : « No snap vote on sovereinty : PQ », lit-on le 10 avril.

Les quotidiens à l'honneur

En raison de l'absence des journalistes de Radio-Canada tout au long de la campagne, les journaux ont retrouvé en partie leur rôle d'antan alors qu'ils étaient les principaux porteurs du message électoral. Plus que jamais, le travail des journalistes est scruté à la loupe par les partis. Tout va plutôt bien au début puisque, au terme de la première semaine de campagne, Claude Ryan fait l'honneur aux journalistes de félicitations publiques, ce à quoi il n'avait pas habitué la presse lors du référendum. Les choses se gâteront lentement. La campagne évoluant négativement pour le Parti libéral, ne pas dénoncer les analyses, les éditoriaux ou la « couverture » des journalistes serait implicitement reconnaître devant les militants qu'on vogue vers la défaite. Au fond d'eux-mêmes, les principaux organisateurs savent bien toutefois qu'ils ne peuvent rendre la presse responsable des faux-pas qu'ils ont commis, ni du handicap que constitue la personnalité de leur chef alors que tous les projecteurs se sont braqués sur lui. Ils se prennent même à regretter l'absence de Radio-Canada dont ils avaient estimé à tort qu'elle serait sans conséquence.

Le virage est plus apparent toutefois la dernière semaine. Le lundi matin 6 avril, *Le Devoir* qui s'apprête à entrer en grève se dépêche à prendre position pour le Parti québécois, ce que le chef libéral accueille en faisant remarquer que les arguments avancés ne sont pas très forts. Jeudi, le 8, *Le Soleil* qui avait craint au référendum de prendre position appuie la réélection du gouvernement, ce qui fait dire à Claude Ryan que de toute façon personne ne lit les éditoriaux de ce type. *The Gazette* prendra position pour un changement de gouvernement et le samedi, *La Presse*, par la voix de son éditeur Roger Lemelin, appuie à son tour l'élection d'un gouvernement libéral, non sans noter à quel point la campagne a été fade. *Le Dimanche-Matin*, propriété de Jacques Francœur comme *Le Soleil*, favorise dans son édition du 12 avril une victoire de Ryan. *Le Journal de Montréal*, fidèle à sa tradition, ne se prononce pas.

Pendant cette dernière semaine de campagne les attaques contre les journalistes se feront de plus en plus nombreuses. Raymond Mailloux, un ancien ministre libéral, s'en prend à « l'écœuranterie de la presse à travers le Québec ». À Val d'Or, Claude Ryan tourne ostensiblement le dos aux journalistes et au lieu de faire la conférence de presse prévue à l'horaire il se lance dans un discours où il invite les quelques militants libéraux présents à ne pas croire aux manchettes, aux analyses et aux sondages que présentent les journaux. Au cours du week-end, madame Solange Chaput-Rolland, une ancienne journaliste, affirme que ce que les journaux décrivent n'a rien à voir avec la réalité.

Un balayage péquiste ?

Les attaques des leaders libéraux à l'endroit de la presse témoignent de l'état d'esprit qui règne au sein du Parti libéral. Depuis jeudi on sait que les sondages qui seront publiés samedi confirmeront l'avance du Parti québécois. Informé des résultats, Claude Ryan reconnaît qu'il savait qu'il était en arrière, mais il est étonné que l'écart soit si grand. Pris dans le mouvement, on préfère croire les tendances qui se dégagent des « pointages », lesquels indiquent une victoire serrée. Toute la campagne libérale a été construite autour de ces « pointages » et pour les militants libéraux il est impensable de renier la méthode de travail qui leur a donné la victoire au référendum et dans onze élections partielles. Il leur est surtout impossible de prendre le recul nécessaire pour évaluer froidement la situation.

Les derniers sondages de la campagne sont exploités le samedi, 11 avril. SORECOM prévoit dans *Le Soleil* et *The Gazette* une majorité de 75 à 87 sièges au Parti québécois, appuyant sa prédiction sur l'analyse des résultats de son sondage selon lesquels 45 pour cent des répondants appuient le Parti québécois, 37 pour cent le Parti libéral et 4 pour cent l'Union nationale. Il y a 14 pour cent d'indécis. CROP prévoit dans *La Presse* que 49 pour cent des voix iront au parti de René Lévesque, 35 pour cent aux libéraux, 3 pour cent à l'Union nationale alors qu'il y a 11 pour cent d'indécis.

La campagne est terminée. Claude Ryan, René Lévesque et Roch LaSalle poursuivent leurs rencontres, question d'encourager les troupes pour le sondage final. Avant d'aller dimanche aider son collègue Gérald Godin

dans Mercier, René Lévesque se rend samedi soir dans
L'Assomption saluer Jacques Parizeau. Narquois, il lance
à ses militants : « Je vais citer Claude Ryan, ne croyez
pas les sondages ». Tandis que Roch LaSalle courtise une
dernière fois ses électeurs de Berthier, Claude Ryan se
rend dimanche matin dans la circonscription de Taillon.
Devant ses militants, il se laisse aller à des réflexions
philosophiques qu'il conclut en disant : « que la volonté
du Père se fasse ».

Programmes, organisations et stratégies

Programmes, organisations et stratégies

Aujourd'hui, dans la plupart des provinces du Canada et des États américains, les élections sont généralement sans surprise : elles confirment la victoire du parti que l'ensemble des électeurs informés donnent gagnant depuis des mois. Il s'ensuit que, dans ces États et ces provinces, les campagnes électorales paraissent avoir le plus souvent un impact insignifiant.

Tel n'est pas le cas lors des élections provinciales du Québec depuis une quinzaine d'années, en raison surtout de la présence de petits partis vigoureux. À en juger par les commentaires des éditorialistes et des journalistes à la veille des scrutins, l'issue de chacune des campagnes électorales tenues depuis 1966 a paru fort incertaine ou encore elle a contredit les pronostics dominants.

*La campagne électorale de 1981
semble renverser la tendance*

Il est incontestable que la campagne électorale de 1981 a été le révélateur d'un renversement de tendance. Et, à ce compte-là, comme cela est le cas depuis 1966, la campagne électorale a été décisive.

Les conditions de ce renversement étaient là depuis octobre dernier, alors que le Parti québécois plantait des jalons importants pour l'avenir en mettant en veilleuse la souveraineté-association, retardait les élections et que de son côté le gouvernement fédéral entreprenait unilatéralement un projet de réforme constitutionnelle.

C'est ce qu'illustre le tableau suivant où apparaissent les résultats de vingt sondages différents, échelonnés de 1977 à 1981. Selon les intentions de vote révélées par ces sondages, de juin 1978 à février 1981 inclusivement, le Parti libéral a devancé régulièrement le Parti québécois.

Bien que l'avantage du Parti libéral mesuré par les sondages d'octobre 1980 et de février 1981 ne fût pas considérable, les commentateurs politiques paraissaient alors d'accord, surtout en raison des résultats du référendum, pour lui concéder d'avance la victoire aux élections. * Les arguments à l'appui d'une telle conclusion reposaient sur l'analyse de la conjoncture, des résultats du référendum et des élections partielles et sur l'impression de vigueur donnée par l'organisation libérale (voir pages 55-56, précédemment). D'autres arguments tenaient à l'analyse des données des sondages.

Selon les commentateurs, en effet, les données des sondages relatives aux intentions de vote sous-évaluent la force réelle du Parti libéral. Autrement dit, l'avance réelle du Parti libéral, en octobre 1980 ou en février 1981, est bien supérieure à celle que lui concèdent les

---

*   Quelques rares politicologues prétendaient toutefois le contraire, y compris dans l'hypothèse d'une avance substantielle du Parti libéral. Leur argument était que le Parti libéral était défavorisé par la concentration excessive de ses sympathisants dans une trentaine de circonscriptions à forte population anglophone. Voir l'analyse d'André Bernard dans le mensuel *Presse-libre,* mars 1981, pages 12-14, ou encore dans *Le Devoir,* 6 avril 1981, page 17.

INTENTIONS DE VOTE AUX ÉLECTIONS PROVINCIALES DU QUÉBEC RÉVÉLÉES PAR LES SONDAGES RÉALISÉS POUR LE COMPTE DES MÉDIA, 1976-1981

Média/Maison de sondage, fin de cueillette	P.L.Q.	P.Q.	U.N.	Restes*
Montréal-Matin/CROP, 31 oct. 76	23	31	10	36
Le Journal de Montréal/IQOP. 3 nov. 76	26	24	9	41
Le Devoir et autres/INCI, 5 nov. 76	16	29	8	47
Scrutin, 15 nov. 76**	28	35	15	22
CBC/ SORECOM, avr. 77	15	39	13	33
Sélection/CROP, août 77	16	36	11	37
Radio-Canada/U. de M., nov. 77	15	35	9	41
Radio-Canada/INCI, 2 juin 78	40	33	8	19
Dimanche-Matin/IQOP, 12 sept. 78	36	34	6	24
La Presse/CROP, 27 oct. 78	35	35	6	24
Dimanche-Matin/IQOP, 12 déc. 79	51	32	5	12
Radio-Canada/CROP, 15 fév. 80	52	36	2	10
Dimanche-Matin/IQOP, 11 mars 80	45	42	2	11
Radio-Canada et *CBC*/CROP, 7 avr. 80	42	37	2	19
Dimanche-Matin/IQOP, 16 avr. 80	40	38	2	20
Radio Canada/CROP, 8 mai 80	41	42	2	15
Le Devoir et autres/INCI, 9 mai 80	41	37	2	20
Le Soleil, The Gazette/SORECOM, 25 août 80	42	37	3	18
« Face à Face »/IQOP, 4 oct. 80	43	42	2	13
« Face à Face »/IQOP, 23 fév. 81	41	40	7	12
La Presse/CROP, 20 mars 81	32	41	3	24
Le Soleil, The Gazette/SORECOM, 22 mars 81	38	44	5	13
Le Soleil, The Gazette/SORECOM, 3 avr. 81	37	45	4	14
La Presse/CROP, 5 avr. 81	35	49	3	13
Scrutin, 13 avr. 81**	38	40	3	19

* Dans la colonne « restes », on trouve les abstentions, les non-réponses, les sympathisants des petits partis, autrement dit tous les électeurs ou répondants qui ne se rangent pas derrière l'un des trois principaux partis

** Les pourcentages sont établis sur la base du nombre total des inscrits (s'il s'agit du scrutin) ou des répondants (s'il s'agit d'un sondage).

sondages. Pour le comprendre, il suffit de comparer les données des sondages d'octobre 1976 aux résultats de l'élection du 15 novembre 1976, puis de comparer les données des sondages de mars et avril 1980 aux résultats du référendum du 20 mai 1980, ou de comparer les données des sondages aux résultats des scrutins aux diverses élections partielles de 1979 et 1980 : la force du Parti libéral a été sous-estimée à tout coup. Les sondeurs sous-estiment la proportion réelle du « vote » libéral parce que, parmi les personnes contactées qui refusent de répondre ou qui taisent leur intention de vote, il y a davantage de « libéraux » que de « péquistes ». Les sondeurs constatent d'ailleurs (voir plus haut, page 50) que les répondants qui n'indiquent pas d'intentions de vote présentent les caractéristiques des répondants favorables au Parti libéral, alors que les non-répondants ont également ces mêmes caractéristiques. Il apparaît enfin que, parmi ceux qui annoncent leur intention de voter pour le Parti québécois, une certaine proportion, de fait, ne votent pas.

Calculant que les sondeurs sous-évaluent de 5 points de pourcentage, en moyenne, le vote réel du Parti libéral, les commentateurs corrigent les données brutes des sondages en accordant finalement quelque 5 points de plus au Parti libéral et quelque 5 points de moins au Parti québécois.

Ainsi, au moment de la parution des résultats du sondage réalisé en février 1981 donnant 46 pour cent des intentions de vote au Parti libéral contre 45 au Parti québécois et 9 à l'Union nationale, les commentateurs concluaient que l'avance *réelle* du Parti libéral était de 10 points de pourcentage. Selon les corrections d'usage, en effet, il fallait majorer de 5 points la part du Parti libéral et réduire de 5 points celle du Parti québécois.

Effectuant ces corrections d'usage à propos des données du sondage complété le 22 mars 1981 (publiées dans *Le Soleil* et *The Gazette,* samedi le 28 mars), qui indiquaient dorénavant une avance du Parti québécois, avec 51 pour cent des intentions de vote, contre 44 au Parti libéral, des politologues expérimentés ont immédiatement calculé 46 pour le Parti québécois contre 49 pour le Parti libéral.*

C'est dire que, jusqu'à la fin de mars 1981, selon les évaluations de ceux qui ont la politique comme métier ou comme champ d'analyse, le Parti libéral était en avance, sinon quant au nombre de sièges, du moins quant au nombre de voix.

Avec les résultats des sondages publiés le 11 avril 1981, il devient évident que le Parti québécois a renversé la tendance. Le sondage commandé par *Le Soleil* et *The Gazette* concède une avance de 10 points au Parti québécois et celui de *La Presse* lui accorde une avance de 15 points.

Quelles que soient les corrections réalistes qu'on leur apporte, les données des sondages marquent, après le « creux » de 1978 et de 1979, une remontée incontestable de la faveur accordée au Parti québécois. Cette remontée est très nette, tant selon les mesures effectuées par le Centre de recherche sur l'opinion publique (CROP) que selon celles de la maison SORECOM (voir le tableau de la page 95).

Les données des sondages laissent voir par ailleurs, entre la fin de février 1981 et la fin de mars ou le début

---

*   L'écart entre la proportion des votes obtenue le 13 avril 1981 par le Parti libéral (46) et la proportion des intentions de vote que lui accordaient les derniers sondages (43 et 40, respectivement) tend à donner raison aux commentateurs qui, depuis 1980, évaluent la force réelle des deux grands partis en ajoutant 5 points au pourcentage des intentions de vote « libéral » révélées par les sondages.

d'avril 1981, une détérioration rapide et soudaine de la faveur dont jouissait jusqu'alors le Parti libéral.

En deux mois, en 1981, les atouts ont changé de mains.

Les scrutins de 1970, 1973 et 1976, malgré l'incertitude entretenue quant à leurs résultats, avaient confirmé les tendances identifiées dans les quelques sondages réalisés au cours des mois précédents. L'incertitude lors de ces scrutins de 1970, 1973 et 1976 venait de la dispersion des intentions de vote entre quatre partis, de la concentration régionale des appuis exprimés en faveur de chacun de ces partis et de la variabilité de l'opinion mesurée par les sondages.

Le scrutin de 1981 contredit les tendances identifiées de 1978 à février 1981 inclusivement. Autant la victoire du Parti libéral paraissait certaine au début de la campagne électorale de 1981, autant la victoire du Parti québécois paraît assurée, à quelques jours du 13 avril. Ce n'est pas l'incertitude quant aux résultats qui rend la campagne de 1981 captivante, c'est son impact sur le vote.

Comment, en onze mois, les dirigeants et militants du Parti québécois ont-ils réussi à renverser une tendance qui leur était défavorable ?

La distinction entre le programme
du Parti québécois et ses engagements

Depuis 1973, les dirigeants du Parti québécois cherchent à démontrer que le programme officiel du parti comporte des objectifs à long terme qu'on ne peut espérer réaliser simultanément et immédiatement. Le défi, pour eux, est de faire paraître leur programme comme un « idéal à poursuivre », à distinguer des « engagements à court terme ».

Ce défi est plutôt difficile, car l'autorité sur le programme du Parti québécois appartient au Congrès national du parti, qui siège tous les deux ans, pendant trois jours. Chaque association de comté a droit à un minimum de douze délégués à ce congrès (les associations qui comptent plus de 500 membres en règle ont en outre droit à un délégué supplémentaire par tranche de 500 membres). Sont aussi délégués de droit au congrès les membres du Conseil exécutif national du parti, les présidents de région, les présidents de comté, les députés et les candidats officiels du parti.

Les dirigeants du parti ont d'abord eu à convaincre les délégués des associations de l'opportunité d'établir une distinction entre le « programme », d'une part, et les « engagements électoraux » d'autre part. Il n'est pas encore certain qu'ils aient réussi pleinement, si l'on en juge par l'âpreté de certains débats et par les résultats de plusieurs votes aux congrès de mai 1977 et de juin 1979. Néanmoins, en ayant obtenu l'appui d'une majorité des délégués en faveur de résolutions dites « étapistes » au chapitre de la souveraineté du Québec, les dirigeants ont fait accréditer la distinction qu'ils voulaient établir.

Les résolutions du Congrès à propos de la souveraineté du Québec ont un caractère exemplaire, car elles frappent davantage l'opinion. Les média leur accordent une grande importance et les adversaires du Parti québécois leur font de la publicité en y référant dans leurs propres déclarations publiques.

Les précisions ou modifications apportées en 1977 et en 1979 au programme du Parti québécois au chapitre de la « souveraineté-association » ont par ailleurs contribué à élargir le cercle des électeurs qui acceptent l'éventualité d'une « nouvelle entente » constitutionnelle au Canada donnant au Québec la maîtrise complète sur les impôts qui y sont levés et sur les lois qui y sont appliquées. Les résultats du référendum du 20 mai 1980 et ceux des sondages qui l'ont précédé ou suivi révèlent que la « souveraineté-association », initialement proposée publiquement il y a douze ans, est devenue l'option constitutionnelle préférée de près de 40 pour cent des électeurs.

Dans la mesure toutefois où cette option est encore refusée par la majorité, les dirigeants du Parti québécois craignent qu'elle ne devienne l'enjeu majeur d'une élection. En 1973 déjà, et en 1976 surtout, ils ont organisé leur stratégie électorale de façon à éviter tout débat de fond sur le thème de la souveraineté du Québec. Le verdict du référendum du 20 mai 1980 a raffermi la volonté des dirigeants du Parti québécois de bien distinguer entre l'option constitutionnelle établie dans le programme du parti et les engagements électoraux.

Les 20 et 21 septembre 1980, lors d'une des réunions trimestrielles régulières du Conseil national, qui est la plus haute instance du parti entre les congrès, les dirigeants ont fait admettre le principe suivant lequel le Conseil exécutif du parti pourrait « décider de faire une campagne électorale *sans poser la question constitutionnelle,* si les circonstances ne se prêtent pas, temporairement, à une telle question ». Ils ont également fait admettre le principe suivant lequel, reporté au pouvoir pour un deuxième mandat gouvernemental, le Parti québécois ne tiendrait pas un nouveau référendum constitutionnel.

Pour assurer un minimum de soutien en faveur des distinctions ainsi établies entre le programme constitutionnel du parti et les engagements électoraux, et pour leur offrir toute la publicité possible tout en donnant le coup d'envoi de la prochaine campagne électorale (le scrutin étant, à l'époque, attendu pour la mi-novembre), les dirigeants du parti ont convoqué un Conseil national élargi. Alors que le Conseil national ne regroupe qu'entre 250 et 300 personnes ayant droit de parole (150 environ, parmi celles-ci, ayant en outre droit de vote), le Conseil national élargi en compte environ 500 de plus, chaque comté et chaque région ayant exceptionnellement cinq délégués au lieu d'un seul, le droit de voter étant étendu à tous.

Le Conseil national élargi, réuni les 3, 4 et 5 octobre 1980, a adopté, sur proposition de l'exécutif du parti (composé de 15 personnes), plusieurs résolutions qui, non seulement confirment les positions adoptées quinze jours plus tôt, mais marquent encore davantage la distinction établie entre le programme et les engagements. Une résolution, appuyée par 75 pour cent des 677 délégués votant, réitère l'engagement de ne pas tenir de référendum sur la souveraineté-association au cours d'un deuxième mandat gouvernemental du Parti québécois.

Une autre résolution établit cependant que l'élection qui pourra donner ce deuxième mandat doit toutefois permettre d'affirmer clairement et courageusement l'objectif fondamental : la souveraineté.

La distinction est claire. La souveraineté est un objectif à long terme ; c'est le programme, qui n'est nullement renié. Mais l'engagement immédiat, c'est de ne pas tenir de nouveau référendum au cours d'un deuxième mandat. Cependant il reste possible de faire des élections, au terme de ce second mandat, sur le thème de la souveraineté et poser alors « la question constitutionnelle ».

En 1976, les porte-parole du Parti québécois ont réussi à écarter les risques d'un débat électoral sur la souveraineté en rappelant aux électeurs qu'un référendum aurait lieu sur cette question au cours de leur premier mandat. En 1981, ils écartent les mêmes risques en disant qu'il n'y aura pas de référendum sur cette question au cours de leur deuxième mandat, mais que les intérêts du Québec seront farouchement défendus.

Comme en 1976, les dirigeants du Parti québécois ont pu évacuer la question nationale de leur publicité et de leurs discours de la campagne électorale, et cela en dépit de la volonté de nombreux militants. Mais agir autrement aurait sans doute contribué à mener le Parti libéral au pouvoir...

Lors du Conseil national élargi des 3, 4 et 5 octobre 1980, en plus de la distinction entre l'objectif lointain de la souveraineté et l'engagement à court terme de ne pas la réaliser maintenant, les dirigeants du Parti québécois réussissent à faire établir une série de distinctions complémentaires, à propos cette fois des chapitres économique, culturel et social du programme.

La plupart des quelque 40 projets de résolutions soumis par le Conseil exécutif au Conseil national élargi du parti les 3, 4 et 5 octobre 1980 ont trait à des priorités économiques, culturelles ou sociales, autrement dit à des engagements à court terme. Selon les résolutions adoptées, il s'agit maintenant, pour le gouvernement du Parti québécois, d'accélérer le programme d'investissements hydro-électriques du Québec, d'axer les programmes de création d'emploi sur la créativité, d'intensifier la recherche industrielle au Québec, d'accentuer les efforts consentis en faveur des exportations du Québec, de lutter avec une vigueur croissante contre les inégalités sociales, contre le chômage, contre toute discrimination de sexe dans l'emploi... Les résolutions adoptées font également une priorité de la réforme du crédit agricole, du développement du tourisme et plus largement de tout le secteur « agro-alimentaire », de l'établissement d'une véritable politique du revenu annuel garanti, de la création d'un ministère de l'Habitation, de la révision du droit de la famille, de l'adoption d'un programme d'aide financière à la mère au foyer... De même le Conseil se prononce en faveur du respect du droit de grève dans les hôpitaux, mais sous réserve du droit fondamental et supérieur du public aux services essentiels de santé. Il préconise en outre une refonte du code du travail pour protéger les travailleurs non syndiqués et pour faciliter l'accès facultatif à la retraite pour les personnes de 55 ans et plus. Avec les quelques autres sujets dont elles traitent également, ces résolutions du Conseil peuvent servir de « promesses électorales ». Un document général, qui porte comme titre le thème de la réunion, *Le Québec des années 1980,* explicite l'ensemble de ces orientations.

Les paradoxes du programme du Parti libéral

Au moment où le Conseil national élargi du Parti québécois adopte des engagements électoraux à court terme, le Parti libéral n'a même pas de « programme officiel ».

Paradoxalement, de très importants efforts ont été consacrés à la confection d'un tel programme, par des centaines de militants libéraux, ébranlés par la défaite électorale de 1976. Dès 1977, les membres du Conseil général du parti ont voulu se doter d'un document d'envergure, cohérent, complet, à opposer au programme du Parti québécois.

Aux élections de 1970, 1973 et 1976, les libéraux avaient opposé, au programme du Parti québécois, des documents qui, de l'avis de plusieurs militants, ne faisaient pas le poids. Ces documents, intitulés *Programmes,* n'avaient pas été adoptés par le Congrès, même s'ils ne contredisaient pas carrément les résolutions adoptées par le Congrès. Ces documents, de plus, ne présentaient guère de continuité. Ils paraissaient trop exhaustifs pour être considérés comme de simples engagements électoraux et trop incomplets pour être considérés comme de véritables programmes.

En 1970, le document était intitulé *Québec : au travail ! Programme 1970 — Parti libéral du Québec.* Il s'agissait d'un cahier vert de quelque 55 pages polycopiées dont le contenu réparti en cinq grands thèmes (développement économique, progrès social, épanouissement culturel, renouveau politique, avenir du Québec) paraissait refléter les résolutions encore pertinentes adoptées entre 1955 (date de fondation de la Fédération libérale du Québec) et 1970 par les quatorze congrès pléniers du parti.

Les cinq chapitres du document de 1973, intitulé *Un nouveau programme d'action — 1973 — Le Parti libéral du Québec,* correspondaient aux cinq grands thèmes du document de 1970. Les 77 pages de ce cahier de 1973 reflétaient largement les options exprimées dans les résolutions adoptées lors des trois précédents congrès annuels, le quinzième (11-13 septembre 1970), le seizième (19-21 novembre 1971) et le dix-septième (17-19 novembre 1972).

Ces congrès annuels du début des années soixante-dix avaient été particulièrement nourris. En 1972, par exemple, dix congrès régionaux avaient réuni quelque 6,000 militants (le parti comptait à l'époque 95,000 membres). Ces congrès régionaux avaient adopté 185 résolutions qui furent soumises au congrès annuel. Parmi ces résolutions, trois seulement concernaient le fédéralisme et aucune d'elles ne parlait de décentralisation, de souveraineté culturelle ou de fédéralisme économique, thèmes pourtant retenus dans le chapitre cinquième (« le fédéralisme ») du document *Un nouveau programme d'action.*

La décision ayant été prise de ne plus réunir le congrès « annuel » qu'une fois par deux ans, l'activité parut ralentir au sein du Parti libéral après l'élection de 1973. Dans le *Journal de Québec* du 24 avril 1976, parlant du dix-neuvième congrès du parti, Normand Girard écrivait : « Les libéraux du Québec ont l'impression de n'avoir réalisé aucun progrès depuis le congrès de 1974, au double plan de l'image et de l'information ». À ce dix-neuvième congrès, les 23, 24 et 25 avril 1976, les militants ne purent examiner sérieusement qu'une partie des quelque 1,000 projets de résolutions qui leur étaient soumis par les associations de comté ou les autres instances du parti. Parmi les résolutions qui furent étudiées sérieusement, certaines, comme par exemple au sujet de l'assurance-automobile, suscitèrent des difficultés. Ainsi fut écartée la notion d'indemnisation sans égard à la responsabilité (système dit du « no-fault ») à laquelle tenait le ministre Lise Bacon, notion que l'on retrouvera néanmoins dans le document intitulé *Programme 1976 — Le Parti libéral du Québec* (page 13). Et pour citer les journalistes du quotidien *Le Soleil* (26 avril 1976) :

> Quoiqu'il en soit, comme le faisait valoir à juste titre un membre de l'entourage de Mme Bacon, ce n'est pas dans ces congrès que se font les lois.

À vrai dire, en comparant les dix courts chapitres du *Programme 1976 — Le Parti libéral du Québec* aux volumineux cahiers de résolutions des congrès de 1972, 1974 et 1976, on pourrait conclure que ce n'était pas dans les congrès que se bâtissait le programme du parti.

Paradoxalement, c'est parce qu'ils ont voulu corriger cette situation que les militants libéraux se retrouvent, en octobre 1980, sans « programme officiel ».

Dès 1977, alors même qu'ils se cherchaient un nouveau chef, les militants libéraux se sont engagés dans un vaste effort de réflexion politique qui a mené les 18, 19 et 20 novembre 1977, à l'adoption d'une série de nouvelles résolutions par un congrès d'orientation. Le cahier de ces résolutions, intitulé *Le Québec des libertés,* constitue un véritable manifeste politique qu'il serait facile de mettre à jour.

Au cours de sa campagne à la direction du parti, Claude Ryan publie pour sa part une série de déclarations précisant ses points de vue sur divers sujets tels que l'éducation ou la politique linguistique. Quelques uns de ces points de vue diffèrent de ceux qu'exprime *Le Québec des libertés,* cependant ils reflètent les options d'électeurs qui n'ont appuyé aucun des deux grands partis en 1976 : des électeurs attachés aux valeurs traditionnelles, des électeurs de langue anglaise et des fédéralistes qui préconisent d'importants changements constitutionnels. C'est au sujet de la langue toutefois que les positions de Claude Ryan contrastent le plus par rapport au manifeste libéral de novembre 1977.

Alors que, dans *Le Québec des libertés,* l'article consacré à la langue (article 23, page 10 du texte polycopié) propose que le Parti libéral « continue son action publique vigoureuse et non équivoque visant à établir la primauté du français dans notre milieu et qu'il continue d'appuyer les mesures nécessaires pour donner au Québec une image française... », la *Déclaration de Claude Ryan sur la politique linguistique* (texte polycopié de 10 pages daté d'avril 1978), tout en reconnaissant que le français doive rester la langue officielle du Québec, propose des « modifications importantes à la Charte de la langue française ». Selon cette déclaration de Claude Ryan, il faut garantir « le droit de tout enfant de langue française ou anglaise de recevoir l'enseignement public dans sa langue maternelle » et modifier diverses dispositions de la Charte considérées comme abusives (par exemple les dispositions relatives à l'obligation d'afficher en français).

En élisant Claude Ryan à la tête du parti, les militants libéraux approuvent, en quelque sorte, ses orientations politiques. Encore faut-il les préciser !

Parmi ces orientations à préciser, c'est l'orientation constitutionnelle qui paraît prioritaire. Non seulement les programmes électoraux de 1970, 1973 et 1976 ont-ils été particulièrement brefs et vagues au chapitre du fédéralisme, mais encore on trouve bien peu de résolutions qui en traitent, dans les cahiers des congrès. Mais il y a plus : le référendum arrive bientôt et, sans manifeste constitutionnel qui lui est propre, le Parti libéral n'aura rien à opposer au Parti québécois. Déjà on reproche aux libéraux de défendre le statu quo derrière une option fédéraliste sans contenu.

Une commission, rapidement instituée, reçoit le mandat de formuler une proposition de manifeste constitutionnel à soumettre au vingt-et-unième congrès. Cette proposition, publiée en janvier 1980, est adoptée avec quelques amendements, le 2 mars 1980, sous le titre suivant : *Une nouvelle fédération canadienne*. Ce document, appelé le « livre beige » à cause de sa couverture, constitue encore, en octobre 1980, le seul chapitre officiel d'un éventuel programme « officiel » du Parti libéral.

Les autres chapitres du futur programme sont en préparation. Leur élaboration relève de la Commission politique du parti qui y consacre, depuis le référendum de mai 1980, toutes les énergies disponibles. De nombreuses rencontres avec des petits groupes de militants et des discussions au niveau des associations de

comté assurent une certaine concertation démocratique ;
toutefois, pressés par l'imminence de l'élection et
désireux de produire une proposition de programme qui
soit cohérente et complète, les membres de la
Commission politique doivent faire appel à des
spécialistes pour la préparation de plusieurs sections du
projet.

Le document que produit enfin la Commission
politique est un lourd cahier de quelque 250 pages, relié
en rouge et intitulé *La société libérale de demain.*

Ce document, surnommé « le livre rouge » par les
journalistes, est étudié, les 17 et 18 janvier 1981, par les
quelque 350 membres du Conseil général du parti (ce
Conseil général est au Parti libéral ce que le Conseil
national est au Parti québécois). Le Conseil général le
transmet ensuite, pour étude, aux Conseils régionaux,
dont les rapports seront examinés à un Conseil général
élargi prévu pour les 13 et 14 mars 1981.

Dans l'ensemble le document est bien accueilli par
les militants libéraux, mais quelques unes de ses
propositions suscitent des réactions négatives. Les
propositions les plus contestées ont trait aux
modifications suggérées à la Charte du français,
communément appelée « loi 101 ». L'intention des
rédacteurs est de permettre l'accès à l'école anglaise à
tout enfant dont l'anglais est la langue maternelle, et
d'autoriser l'affichage dans une autre langue que le
français. Ces propositions confirment les orientations
définies avant le congrès d'avril 1978 dans la *Déclaration
de Claude Ryan sur la politique linguistique.* Elles
confirment en outre une décision du vingt-et-unième
congrès, qui avait même rejeté, par 548 voix contre 351,
une motion visant à restreindre l'accès à l'école anglaise
aux seuls enfants dont les parents avaient reçu, *au
Canada,* leur éducation primaire en anglais.

L'un après l'autre, les colloques régionaux du Parti libéral (celui de l'Ouest de Montréal excepté) font la manchette des journaux à la suite des débats suscités par les sections du « livre rouge » consacrées à la langue d'affichage et à l'accès à l'école anglaise. Dix Conseils régionaux (sur onze) optent pour la « clause Canada », celle-là même qui avait été rejetée au vingt-et-unième congrès.

Finalement, à la réunion du Conseil général « élargi », le 14 mars 1981, le chef libéral propose une formule qui est adoptée sans opposition apparente de la part des 950 participants. Le nouveau texte précise qu'un gouvernement du Parti libéral du Québec s'engage :

à modifier la loi 101 au chapitre de l'éducation afin de remplacer la clause « Québec » par la clause « Canada ». Ainsi, tous les enfants au Québec seront tenus d'aller à l'école française sauf ceux dont le père ou la mère a reçu son éducation primaire ou secondaire en anglais au Canada. Un droit d'appel sera prévu lorsque les parents jugeront que ce critère ne leur rend pas justice.

à éliminer certaines dispositions de la loi 101 concernant l'affichage public et la publicité de façon à permettre l'usage d'autres langues. Cependant, dans tous ces messages, le français devra occuper une place d'importance égale ou supérieure à toute autre langue...

Le débat interne au Parti libéral suscité par les propositions relatives à la politique linguistique a monopolisé l'attention. Les dirigeants libéraux, dans leur volonté d'imposer au parti une option linguistique conforme à leur conception des intérêts des électeurs de langue anglaise, ont en quelque sorte raté l'occasion, offerte par l'étude du projet de programme, de faire connaître leurs positions sur une quantité de sujets.

Si leur ambition était de faire connaître un ensemble de propositions couvrant tous les secteurs d'activités gouvernementales au Québec, les dirigeants libéraux ont échoué.

Si leur ambition était de faire la démonstration d'un véritable renouveau démocratique au sein du parti, ils ont également échoué. Les réactions de plusieurs participants aux colloques régionaux ont en effet donné l'impression que les propositions « venaient d'en haut » et non pas « de la base ».

Paradoxalement, alors qu'ils devaient permettre aux militants libéraux d'examiner « démocratiquement » les diverses propositions du « livre rouge », les colloques régionaux paraissent avoir surtout fourni, aux porte-parole du Parti québécois, autant d'occasions de critiquer le futur programme libéral.

Au moment où se tient le premier de ces colloques, le ministre des Finances dans le gouvernement du Parti québécois, Jacques Parizeau, révèle que le document libéral, *La société libérale de demain,* propose 73 études, examens ou enquêtes, énonce 60 promesses formelles dont plusieurs nécessiteraient des déboursés budgétaires considérables, et récèle quelques erreurs de fait majeures (telle la description du régime financier des municipalités, qui est en retard de quelques années par rapport à la réalité).

D'autres porte-parole du Parti québécois prennent plaisir, de leur côté, à relever les propositions du « livre rouge » qui correspondent à celles du Parti québécois et qui contredisent des prises de position antérieures de candidats ou de députés du Parti libéral.

Des éditorialistes, par ailleurs, identifient diverses faiblesses du document. Ainsi, Ivan Guay, dans *La Presse* du 22 janvier 1981, titre : « La politique fiscale du

PLQ exige de sérieuses retouches ». Cet éditorialiste rappelle opportunément la condamnation des déficits budgétaires et des niveaux d'imposition, dont les porte-parole du Parti libéral ont fait un thème de leurs discours, et il montre que cette condamnation est incompatible avec les engagements libéraux proposés tant au chapitre des déboursés qu'à celui des impôts. Le document libéral annonce, note Ivan Guay, que le futur gouvernement libéral établira un taux de croissance pour les dépenses publiques qui sera « le plus près *possible* » du taux de croissance de la production nationale. Et, avec humour, l'éditorialiste conclut que c'est exactement là la politique du ministre Jacques Parizeau. Selon lui, les libéraux auraient dû annoncer que la croissance des dépenses serait inférieure à celle de la production : un tel engagement aurait été conforme à la condamnation de la politique budgétaire du gouvernement du Parti québécois, bien qu'incompatible avec les engagements les plus coûteux du livre rouge.

Au moment où le Conseil général du Parti libéral du Québec adopte le document *La société libérale de demain* et en fait le « programme » du parti, le chef Claude Ryan est déjà en campagne électorale puisque la dissolution de l'Assemblée nationale a eu lieu 48 heures plus tôt. Non seulement le Parti libéral est-il en retard sur ses adversaires, mais encore, au moment même où s'engage la campagne électorale, il s'expose, en entérinant enfin son programme, aux attaques de ses adversaires, que pourtant il assiège. Grâce à ce programme libéral tout neuf, dont plusieurs éléments paraissent marquer un contraste par rapport aux prises de position antérieures de plusieurs députés libéraux, les membres du Parti québécois prennent l'offensive contre leurs assiégeants, qui n'ont ni le temps ni les moyens de se défendre.

Le chef libéral, Claude Ryan, souligne l'ampleur du travail de consultation qui a mené à l'adoption de ce programme. Il s'agit d'un programme d'inspiration démocratique, dont la rédaction a pris des mois et des mois. C'est également un document réaliste qu'on peut qualifier de « cadre général » dans lequel un éventuel gouvernement libéral trouverait une marge de manœuvre très confortable. En février, alors que les critiques des porte-parole du Parti québécois commençaient à porter, il avait été nécessaire déjà d'expliquer que le « livre rouge » était un élément du renouveau démocratique du Parti libéral, l'expression de consensus... Déjà le Parti libéral avait été forcé de prendre une attitude défensive.

Ce « livre rouge » est un document qui, finalement, sert davantage le Parti québécois que le Parti libéral. En effet, dans la mesure où, sur de très nombreux sujets, il présente des points de vue similaires à ceux du gouvernement du Parti québécois, il permet aux porte-parole de ce dernier de tirer une conclusion principale : après l'avoir critiqué, le Parti libéral rend hommage au Parti québécois en l'imitant ; il donne à conclure qu'il avait critiqué à tort par simple mesquinerie partisane et donne à penser qu'il n'a rien de meilleur à proposer.

Dans la mesure où, par ailleurs, il comporte des propositions que les libéraux eux-mêmes étaient encore en train de contester à deux semaines du début de la campagne électorale, ce document paraît contredire la volonté de « démocratie » interne que le chef Claude Ryan a voulu insuffler au parti. Il s'agit en effet d'un document élaboré « au sommet », avec la participation de centaines de membres du parti sans doute, mais parmi ceux-ci la plupart étaient des spécialistes ou des techniciens, et non pas des militants de la base. Les propositions de programme ne sont pas d'abord venues des diverses associations de comté, pour être conciliées entre elles au congrès. Elles ont, au contraire, été élaborées, pour la plupart, par une commission puis soumises aux instances régionales, *par en haut.* En outre, ce n'est pas un congrès qui a entériné ces propositions mais un simple Conseil général « élargi ».

Dans la mesure où, de plus, il comporte, sur certains points, des propositions « authentiquement libérales », le « livre rouge » permet aux porte-parole du Parti québécois de mettre leurs propres options en valeur.

À titre d'exemple, l'une de ces propositions libérales, relative aux sociétés d'État, est exploitée à fond par les candidats péquistes tout au long de la campagne électorale. Selon cette proposition tirée de *La société libérale de demain,* un gouvernement du Parti libéral du Québec s'engage :

> à entreprendre une révision systématique du rôle et des objectifs des sociétés d'État *de façon à établir lesquelles devraient être remises au secteur privé* québécois et selon quelles modalités une telle transition pourrait s'effectuer.

Le député libéral de Notre-Dame-de-Grâce, Reed Scowen, ayant précisé, au début de février, que cette intention pouvait signifier notamment la révision des contrats qui lient Sidbec à d'autres sociétés, la réaction des porte-parole du Parti québécois en a été une de « grande inquiétude », en raison des « nombreux emplois que procure présentement Sidbec et en raison des prix avantageux qu'elle assure aux industriels québécois présentement ».

Dans la mesure où, enfin, la brochure de douze pages diffusée par le Parti libéral sous le titre *Un leader, une équipe, un programme, pour du vrai progrès au Québec* paraît parfois contredire le « livre rouge », les propagandistes du Parti québécois ont un autre argument. L'un des points de discussion à cet effet concerne les propositions du « livre rouge » relatives au français, qui ont suscité tant de débats en janvier et février. La brochure du Parti libéral résume ces propositions de la façon suivante :

> *Notre visage français*
> Prendre toutes les mesures nécessaires pour que le français occupe au Québec la place prioritaire qui lui revient ; poursuivre les efforts entrepris par les libéraux pour franciser les milieux de travail ; s'assurer que tous les messages publics accordent au français une place d'importance égale ou supérieure à toute autre langue.

Le contraste entre le petit paragraphe et ce que les électeurs ont retenu du débat sur l'accès à l'école anglaise est suffisant pour annuler l'effet recherché par les rédacteurs de la brochure, quelle qu'ait été leur volonté de respecter le programme.

Le grand paradoxe du programme officiel du Parti libéral, c'est finalement qu'il a desservi les militants et candidats libéraux.

Ce paradoxe doit assurément compter parmi les causes du renversement de la tendance opéré au cours des deux mois qui ont précédé le scrutin. Le programme fait partie des éléments que de nombreux électeurs prennent en considération pour leurs choix électoraux. Selon les résultats du sondage publiés dans *La Presse* le 11 avril 1981, 41 pour cent des répondants estiment être davantage influencés par les partis et leurs programmes qu'ils ne le sont par les candidats locaux ou par les chefs (mais 24 pour cent se disent davantage influencés par les chefs et 26 pour cent davantage influencés par les candidats locaux).

Le programme de l'Union nationale

Bien qu'ils se disent influencés par les programmes des partis, les électeurs, dans l'ensemble, n'en connaissent que les éléments les plus controversés, ceux qui font l'objet des manchettes dans les journaux, des commentaires à la radio ou à la télévision, ou encore ils n'en connaissent que les éléments que souligne la publicité des partis.

Si le Parti libéral a été desservi par son programme du fait que ce sont ses éléments les plus controversés ou paradoxaux qui ont reçu l'attention des média, l'Union nationale l'a été encore davantage, car, à la différence des grands partis, elle n'a guère pu s'offrir de publicité payée dans les média.

L'Union nationale est une petite organisation sans ressources. Bien que ses listes de sympathisants comptent quelque 130,000 noms, selon notamment une déclaration de Michel Le Moignan, à Matane, le 8 octobre 1980, le parti ne peut mobiliser que quelques milliers de militants. Avec 146,000 votes en 1973 et 144,000 en 1981, il appert que ceux que Michel Le Moignan appelait des « membres » lors de son allocution du 8 octobre 1980 constituent en fait la totalité de son électorat, ou presque.

En 1976, l'Union nationale a bénéficié de l'appui momentané de quelque 200,000 électeurs de langue anglaise qui avaient voté en faveur de candidats libéraux en 1973. Dans les circonscriptions de l'ouest de Montréal, où les anglophones sont majoritaires, les votes de l'Union nationale ont été 25 fois plus nombreux en 1976 qu'en 1973 (ou qu'en 1981). De nombreux électeurs anglophones ont manifesté leur opposition aux politiques linguistiques de Robert Bourassa, en 1976, en votant en faveur de l'Union nationale. C'est d'ailleurs pour reconquérir ces électeurs que les dirigeants du Parti libéral ont cherché, après 1976, à modifier les positions de leur parti au chapitre de la politique linguistique.

En 1976, l'Union nationale a également bénéficié de l'appui momentané de quelque 150,000 électeurs de langue française, attachés aux valeurs traditionnelles ou favorables à un renouvellement de l'arrangement constitutionnel au Canada, qui avaient voté en faveur de candidats libéraux en 1973 mais étaient dorénavant insatisfaits de la politique sociale ou de la politique constitutionnelle du gouvernement de Robert Bourassa. C'est d'ailleurs en pensant à ces électeurs que plusieurs dirigeants du Parti libéral ont cru nécessaire de réviser les positions de leur parti sur ces sujets après 1976.

C'est en pensant à ces mêmes électeurs francophones, attachés aux valeurs traditionnelles et favorables à un changement constitutionnel, que les dirigeants de l'Union nationale s'engagent eux-même dans la révision de leur programme en 1980. Sachant qu'ils avaient perdu, dès 1978, l'appui obtenu d'électeurs anglophones en 1976, les dirigeants « unionistes » cherchent à conserver ou à regagner l'appui obtenu en 1976 des électeurs de langue française.

Le programme de l'Union nationale préparé par un comité présidé par le Docteur Robert Rivard, au cours de l'automne 1980, est étudié puis adopté au colloque d'orientation de l'Union nationale tenu les 7 et 8 février 1981 à l'hôtel Sheraton Mont-Royal de Montréal. Publié sous le titre de *Orientations 81* il s'agit d'un cahier de 54 pages qui, comme les programmes unionistes de 1973 et 1976, rappelle *quant à la forme* le programme officiel du Parti québécois. En revanche, quant au fond, *Orientations 81* paraît parfois aux antipodes du programme du Parti québécois, notamment en ce qui a trait au fédéralisme.

Parmi les engagements énoncés dans *Orientations 81,* ceux qui suscitent le plus de commentaires, lors du colloque, sont les suivants :

> mettre fin au monopole de la S.A.Q. et retourner à l'entreprise privée tout le domaine de la commercialisation, de la distribution, de la fabrication et de l'embouteillage des boissons alcooliques. La S.A.Q. se verra confier tout le contrôle de l'accréditation des maisons privées et sera responsable de la qualité de la production des boissons alcooliques (page 8)

> interdire le droit de grève dans les secteurs de la santé, de l'éducation, de la sécurité publique (policiers, pompiers) et de l'Hydro-Québec (page 13)

> modifier immédiatement le Code du travail, afin de prévoir qu'un arrêt de travail ne puisse être déclenché que si le vote de grève reçoit l'assentiment de la majorité des membres de l'unité de négociation (et non pas la majorité des membres présents comme c'est le cas actuellement) (page 14)

> abandonner l'idée de nationaliser le secteur de l'amiante... (page 16)

Au cours de la campagne électorale, les interventions du chef unioniste, Roch LaSalle, qui ont été rapportées dans les média concernaient rarement le programme officiel du parti. Les journalistes qui « couvraient » l'Union nationale n'avaient d'ailleurs que deux ou trois « feuillets » à peine à fournir, car la surface rédactionnelle réservée à l'Union nationale par les chefs de pupitres était proportionnelle à la force électorale présumée de ce « tiers-parti ». C'est ainsi que la déclaration de Roch LaSalle favorisant la « liberté de choix » quant au port de la ceinture de sécurité dans les automobiles (ce qui n'était pas au programme) a obtenu autant de « couverture » que son engagement à mettre fin aux commissions d'enquête gouvernementales.

La prise de position de l'Union nationale qui a reçu le plus d'écho au cours de la campagne est sans doute la décision d'attendre jusqu'en 1982 ou 1983, soit cinq ans après son adoption, avant de modifier la Charte du français (loi 101). Le projet de créer un ministère de la coopération et la volonté de l'Union nationale de réévaluer la question de la fiscalité municipale ont également été commentés dans les média.

Somme toute, l'Union nationale n'a guère réussi à faire passer son message de « bon sens » et n'a guère atteint qu'une infime portion de l'électorat, l'organisation et les ressources du parti ne permettant de rejoindre que des sympathisants de longue date.

Comme l'explique Jean-Guy Martin, du *Journal de Montréal,* le 5 avril 1981, la campagne de l'Union nationale « aura permis de constater la déficience de l'organisation de ce parti, pour ne pas dire son inexistence, dans plusieurs coins de pays ». Les assemblées publiques « n'ont guère attiré plus d'une centaine de personnes, si l'on fait exception de celle d'Alma où quelque 200 partisans se sont rendus entendre le chef Roch LaSalle... »

Quelques jours avant le scrutin, le président de la campagne de financement populaire de l'Union nationale, Bertrand Goulet, révélait que depuis le colloque d'orientation de février 1981, le secrétariat du parti n'avait encore recueilli que $204,000 et que les candidats locaux avaient sans doute récolté, pour leurs propres dépenses, une moyenne de $2,000 chacun.

Au début de la campagne de financement de l'Union nationale, en février 1981, la rumeur avait couru que la caisse accusait un débit de l'ordre de $150,000, somme due à d'anciens bailleurs de fonds, tel Mario Beaulieu, ou à des institutions bancaires, telle la Banque nationale.

Au colloque d'orientation de l'Union nationale, les 7 et 8 février 1981, le député de Gaspé, l'abbé Michel Le Moignan, rappelant que le parti était sans le sou, avait organisé une quête en disant : « Les élections ne se gagnent pas avec des prières ». Les 1,763 délégués avaient déjà payé $5 chacun en frais d'inscription pour couvrir le coût du colloque. La quête ne rapporta que $3,269.

L'échec de l'Union nationale en 1981 a bien confirmé le dicton cité par l'abbé Le Moignan. La victoire aux élections ne peut en effet sourire qu'aux organisations les plus considérables et les mieux dotées.

L'organisation du Parti québécois

De ce point de vue, le Parti québécois domine nettement la scène électorale provinciale. C'est le parti qui bénéficie de la meilleure organisation, qui utilise les méthodes réputées les meilleures, qui jouit des ressources les plus abondantes et qui compte le plus grand nombre de membres et de militants. En 1981, parti au pouvoir, il jouissait d'un avantage qu'il n'avait pas en 1976 : plus d'une centaine de personnes, payées par l'État, à titre de secrétaires de députés ou d'attachés de cabinet des ministres, étaient disponibles, à plein temps, pour toute la durée de la campagne.

L'organisation que constitue le Parti québécois est présentement la meilleure au Québec parce qu'elle facilite, par sa structure et son mode de fonctionnement, la conciliation pacifique des divergences internes, tout en permettant une réelle mobilisation de dizaines de milliers de personnes, quand les circonstances l'exigent.

Du point de vue des structures pourtant, le Parti québécois et le Parti libéral apparaissent comme frères jumeaux : au Congrès national biennal du Parti québécois correspond le Congrès biennal du Parti libéral, au Conseil national correspond le Conseil général, au Conseil exécutif national correspond le Comité exécutif... Chacun des deux partis est doté d'un palier régional et chacun regroupe ses membres dans des « associations de comté ».

Dans le Parti libéral toutefois le « chef » occupe une place dominante, officielle, qui n'a pas d'équivalent dans le Parti québécois. Le chef libéral est « responsable de toutes les activités du parti ». Dans le Parti québécois, ce sont les membres, l'ensemble des membres, agissant dans le cadre des instances électives (assemblées, conseils, congrès), qui exercent collectivement l'autorité et assument les responsabilités.

La distinction entre les deux partis, à cet égard, n'est assûrément pas seulement d'ordre « sémantique ». Ainsi, pour prendre un exemple, l'échec du Parti québécois au référendum de 1980 a été accepté « collectivement » alors que les échecs du Parti libéral, en 1976 et en 1981, ont été imputés, par nombre de militants libéraux, non pas à l'ensemble de l'organisation, mais plutôt au chef. Dans le Parti libéral, comme le stipule la constitution du parti, le « chef est responsable ». C'est d'ailleurs de lui qu'on attend les décisions difficiles. Ainsi, pour citer un autre exemple, quand il y a des problèmes à propos de la sélection des candidats du parti pour les élections, c'est le chef libéral qui doit intervenir, conformément à la constitution et aux règlements du parti. Devant des problèmes analogues, au Parti québécois, c'est le Conseil exécutif national qui tranche, et non pas le chef.

La place prépondérante accordée au chef libéral prive le Parti libéral de ces coussins ou tampons que constituent, dans le Parti québécois, les conseils électifs, seuls habilités à trancher les situations délicates.

À cet égard, les instances régionales du Parti québécois exercent une influence complémentaire bénéfique sur la vie du parti, alors que, dans le Parti libéral, les instances régionales paraissent encore à la recherche d'un rôle significatif. La constitution du Parti québécois précise en effet les fonctions des instances régionales alors que celle du Parti libéral ne traite que de l'anatomie de ces structures régionales. Dans le Parti québécois, les instances régionales constituent le lieu des conciliations à opérer entre les points de vue manifestés dans les assemblées des comtés. Le Congrès régional d'une partie du Québec permet en outre aux membres des autres régions d'ajuster leurs plans bien avant la tenue du Congrès national et d'engager, au préalable, les négociations « internes » qui paraissent opportunes. Les Congrès régionaux assurent enfin des occasions de fraterniser entre militants de diverses circonscriptions, d'étendre le rayonnement du parti, de tester l'état de l'opinion ou la validité d'hypothèses nouvelles.

L'échelon « régional » du Parti québécois satisfait par ailleurs à un principe élémentaire d'administration en permettant de réduire aux dimensions optimales l'éventail des rapports intra-organisationnels. Il est facile de mettre en rapport une douzaine de « présidents » de régions, chacun d'eux mettant en rapport une douzaine de « présidents » de comtés. Il serait difficile d'assurer une liaison satisfaisante entre un organisme central et 122 « présidents » de comté, si les rapports n'étaient médiatisés par un échelon intermédiaire. Cet échelon intermédiaire existe et fonctionne dans le Parti québécois et il est animé par des militants *élus,* sur lesquels peuvent agir ceux qui les ont élus. Tout cela, naturellement, ne va pas sans heurts, mais c'est néanmoins davantage approprié aux conditions québécoises.

Dans la mesure où la stabilité relative des effectifs dans les associations de comté du Parti québécois a permis d'y développer des réseaux fort résistants, on observe, à ce niveau dit de base, une capacité de mobilisation effective qui, malgré les apparences, paraît faire défaut au Parti libéral. Quelques signes de cette distinction supplémentaire entre les deux grands partis, qui avantage le Parti québécois, peuvent être reconnus dans les manifestations de loyauté à l'organisation qu'expriment ceux qui aspirent aux postes électifs à l'intérieur du parti, notamment à la consécration que représente l'honneur d'être choisi candidat. Autant le Parti québécois est ouvert à toute personne qui désire y adhérer, autant ses membres plus anciens aiment rappeler leurs états de service : une sorte d'émulation se développe qui stimule puissamment une forte proportion des membres « à faire leur part ». Les mécanismes sociaux de la stimulation au militantisme sont complexes ; ils jouent dans de nombreuses organisations et non pas seulement au Parti québécois, mais ils paraissent toutefois particulièrement actifs au sein du Parti québécois. L'état d'esprit ou le « climat » que décrivent parfois les « péquistes », en parlant de leur parti, traduit l'action de ces mécanismes.

Il y a également un fort militantisme au sein du Parti libéral, toutefois le « climat » dépeint par les libéraux qui veulent bien en parler paraît moins mobilisateur que celui qui semble caractériser les associations de comté du Parti québécois.

Paradoxalement la mobilisation « de la base » a été plus forte chez les libéraux que chez les péquistes au cours de la campagne référendaire, à l'inverse de ce qui s'est produit au cours des campagnes électorales des années 1970 comme au cours de celle de mars et avril 1981. Selon des administrateurs de chacun des deux partis, qui ont perçu ce paradoxe, l'apathie relative de certains militants du Parti québécois, au printemps 1980, tenait à la conviction que, malgré les possibilités d'un succès au référendum, l'opération était vouée à l'impasse. L'intervention massive de fonctionnaires du gouvernement fédéral (notamment dans le cadre des activités du Centre d'information sur l'unité canadienne) et celle, non moins massive, des dirigeants d'entreprises ajoutaient aux impressions négatives des militants du Parti québécois alors qu'elles stimulaient davantage les membres du Parti libéral.

L'épisode référendaire terminé, la supériorité de l'organisation du Parti québécois est vite réapparu. La performance enregistrée, à propos du programme et des engagements électoraux, par le Parti québécois en 1980-1981, comparativement à celle du Parti libéral, le démontre en effet.

Une autre manifestation de cette supériorité « organisationnelle » du Parti québécois peut être trouvée dans le succès de sa campagne de financement. Cette campagne, lancée le 7 février 1981, a duré un mois et a rapporté $3,421,312, en provenance de 137,000 souscripteurs.

Par contraste la campagne de financement du Parti libéral, lancée le 18 août 1980, n'ayant encore rapporté que $1,750,000 à son échéance initiale, le 30 septembre, fut prolongée jusqu'à la mi-janvier 1981, rapportant finalement, au bout de cinq mois, $3,348,946.

La contribution des libéraux de Westmount fut de $150,164...

Si les ressources financières des deux partis sont apparemment équivalentes, les ressources techniques du Parti québécois paraissent supérieures à celles du Parti libéral. Cette supériorité est frappante sur deux plans en particulier : celui des méthodes utilisées pour atteindre les « clientèles-cibles », celui des messages adressés à ces « clientèles-cibles ».

Le Parti québécois a recours aux sondages et aux simulations pour identifier les catégories d'électeurs dont l'appui ne lui est pas encore acquis mais pourrait l'être (au moindre coût) et pour connaître les moyens d'atteindre ces électeurs et les influencer positivement. Les porte-parole du Parti québécois ne cachent pas que le poids des politologues, des sociologues, des psychologues, des spécialistes en communication, qui se retrouvent en grand nombre dans les instances du parti, a forcé les dirigeants à considérer l'utilisation des méthodes modernes développées dans les sciences sociales. Les spécialistes de ces méthodes, qui militent dans le parti, acceptent de les appliquer bénévolement, à l'occasion.

Peu de choses transpirent des travaux qui peuvent être réalisés par ces spécialistes des sciences sociales qui sont prêts à mettre leur « art » au service du parti. S'agit-il de travaux utiles ou même utilisables ? S'ils sont utilisés, par qui le sont-ils ? Avec quel effet ?

Bien que les porte-parole du Parti québécois ne paraissent pas en mesure de répondre à ces questions, ils reconnaissent que des sondages sont effectués et ils vont même jusqu'à dire, si on le leur demande, que leurs données confirment ou contredisent celles que publient occasionnellement les journaux.

De leur côté, les porte-parole du Parti libéral affirment que leur organisation n'a pas recours aux sondages ou autres méthodes de recherche analogues préconisées ou utilisées par les politologues et les sociologues. Selon ces porte-parole, le Parti libéral a recours aux techniques traditionnelles de consultation, auprès des militants, et à la formule du « pointage ».

S'il en est vraiment ainsi, et malgré les excellents résultats obtenus à l'occasion par les « pointages » libéraux, il faut reconnaître que les méthodes du Parti québécois sont supérieures. Elles sont supérieures, parce que plus sûres et moins coûteuses. Une opération de « pointage », pour prendre cet exemple, coûte considérablement plus cher, en énergie humaine particulièrement, qu'un sondage scientifique et ne fournit que des informations limitées et fragiles.

Encore faut-il pouvoir réaliser un sondage scientifique ! Si on ne peut avoir accès à une équipe de spécialistes bénévoles, il faut alors louer les services d'une maison commerciale, ce qui grève le budget. Or le temps des militants de la base, qui font les pointages, n'oblige à aucun déboursé. Mais ce temps gratuit, consacré au pointage, n'est plus disponible pour d'autres activités plus utiles : il y a un coût d'opportunité. Quand la victoire à une élection tient à une variation infime dans la distribution des votes, il convient de bien calculer tout ses coûts. De toute évidence, du point de vue des méthodes, les dirigeants du Parti québécois calculent mieux.

Ayant identifié les circonscriptions « critiques » grâce à leurs sondages, les dirigeants du Parti québécois y ont concentré leurs ressources. Ils ont organisé l'itinéraire de René Lévesque en fonction de ces circonscriptions critiques, ménageant ses forces, maximisant son impact. Selon les méthodes traditionnelles, le nombre des circonscriptions identifiées comme « critiques » aurait été plus élevé, ou encore l'identification aurait été erronée en ce sens qu'on aurait désigné comme « critiques » des circonscriptions qui, de fait, se seraient avéré « sûres » ou encore « perdues ». Dans tous les cas, selon les méthodes traditionnelles, le risque de gaspiller des énergies précieuses est plus élevé. L'itinéraire de Claude Ryan au cours de la campagne a été beaucoup plus trépidant et fatiguant que celui de René Lévesque ; l'itinéraire du chef libéral a mené sa « suite » en des lieux où, pour un coût d'opportunité et pour des déboursés considérables, l'impact utile était insignifiant compte tenu de ce que le résultat du scrutin a permis d'identifier, *a posteriori*, comme étant les circonscriptions critiques. Les vraies circonscriptions critiques, les organisateurs du Parti québécois les avaient mieux identifiées.

Si les méthodes du Parti québécois ont fait leur preuve en ce qui concerne l'identification des circonscriptions « critiques », on peut imaginer qu'elles n'ont pas été inutiles au moment d'identifier les « clientèles-cibles » et les moyens de les atteindre.

Un petit exemple peut contribuer à valider cette dernière hypothèse. Il s'agit des jeunes électeurs, que les dirigeants du Parti québécois considéraient comme « gagnés d'avance » jusqu'au jour où les sondages leur ont appris que ce n'était plus le cas. Les efforts requis ont alors été consentis aux fins d'identifier la cause ou les causes du phénomène et les moyens de contrecarrer la tendance observée. Puis, comme on dit, on a mis le paquet. À tel point que l'organisateur-en-chef du Parti libéral a confié (aux auteurs) qu'une part importante du succès du Parti québécois en 1981 tenait au vote des jeunes, les libéraux n'ayant rien vu venir et n'ayant pas contre-attaqué sur ce terrain.

La qualité des messages adressés à ses « clientèles-cibles » par le Parti québécois justifie également le jugement selon lequel les ressources techniques du Parti québécois seraient supérieures à celles du Parti libéral.

Les « commerciaux » du Parti québécois, à la télévision et à la radio, ont été particulièrement réussis. Présentées dans un environnement « naturel » les « vedettes », que ce soit Jacques Parizeau, Jean Garon, Marcel Léger, René Lévesque, ou un autre, forçaient l'attention en s'adressant, non pas à la conscience politique des auditeurs, mais à leurs intérêts quotidiens. Tout cela était rempli de sourires, de tranquillité, de bonhomie, d'humour même. Jacques Parizeau explique qu'il est normal qu'un ministre des Finances soit « gros ». Marcel Léger joue avec ses enfants. René Lévesque est en assemblée et on a l'impression qu'il y a autant de femmes que d'hommes parmi les dirigeants du Parti québécois... À côté de ces images, celles du Parti libéral paraissaient ternes. La critique Louise Cousineau, de *La Presse*, a même estimé nécessaire d'utiliser une de ses chroniques pour le dire.

Dans les journaux, les placards publicitaires du Parti québécois, toujours positifs, rappelaient les engagements passés, pour montrer qu'ils étaient réalisés (thème des premiers jours), et ils en présentaient d'autres, dans un langage clair, précis, concis. Ces placards comportaient des photos de René Lévesque et de ses ministres et ils étaient composés de façon à capter le regard.

Par contraste (voir des exemples tirés de *La Presse* de samedi le 21 mars et de samedi le 28 mars 1981), les placards publicitaires du Parti libéral paraissaient plutôt conventionnels et leur message était conçu en termes négatifs ou plutôt vagues.

IL EST GRAND TEMPS QU'UN GOUVERNEMENT RESPONSABLE METTE DE L'ORDRE DANS...

L'ÉDUCATION SOUS LE RÉGIME PÉQUISTE

- On a beaucoup écrit, peu agi: les livres vert, orange et blanc se sont succédés ... tous sans lendemain.
- On a centralisé à l'excès et enlevé davantage d'autonomie aux commissions scolaires. Les milieux ont été privés des moyens de se financer et de faire leurs choix.
- On a signé des conventions collectives extravagantes, qui coûtent une fortune et n'améliorent pas la qualité de l'enseignement ... c'était avant le référendum!
- $500 millions de dépenses sont passées inaperçus jusqu'à ce que la vérification générale découvre le pot aux roses.
- Et le bouquet: le dernier budget Parizeau comprime de façon massive et sauvage les dépenses en éducation.

LES AFFAIRES SOCIALES SOUS LE RÉGIME PÉQUISTE

- On a centralisé et alourdi les systèmes à l'excès, laissant peu d'initiative aux établissements de santé.
- Les salles d'urgence encombrées des grands hôpitaux sont devenues de véritables zones sinistrées.
- Pendant que les listes d'attente s'allongent, on réduit les services, on comprime les budgets!
- Les mêmes problèmes de grève et d'arrêts de travail menacent toujours la population souffrante, les personnes âgées, les malades chroniques.
- En quatre ans, la situation des assistés sociaux s'est détériorée.

LE DOMAINE DE L'ÉDUCATION

Un gouvernement libéral s'engage

- A humaniser et personnaliser l'éducation à tous les niveaux tant pour nos enfants, nos professeurs et les adultes qui veulent apprendre.
- A remettre l'accent sur la qualité de l'enseignement.
- A développer l'enseignement professionnel afin de former pour nos industries de pointe, des jeunes Québécois compétents.
- A développer l'éducation permanente avec le même souci de qualité et d'humanisme.
- A réviser le programme des prêts et bourses et à appuyer franchement les milieux défavorisés.
- A permettre aux parents et aux commissions scolaires de gérer leurs écoles comme ils le désirent.

LE DOMAINE DES AFFAIRES SOCIALES

Un gouvernement libéral s'engage

- A humaniser et personnaliser les soins de santé et de services sociaux.
- A s'assurer que les malades n'aient plus à souffrir des conflits de travail dans les hôpitaux.
- A encourager la mise en place de services publics et privés d'aide et de soins à domicile.
- A redonner une autonomie plus grande aux établissements sociaux et de santé et à assurer un meilleur fonctionnement de leur conseil d'administration.
- A garantir dans la loi, l'ajustement annuel des barèmes en conformité avec l'indice des prix à la consommation.
- A encourager l'action d'organismes bénévoles dans le domaine social.

POUR DU VRAI PROGRÈS AU QUÉBEC

Je vote libéral

AUTORISE ET PAYÉ PAR JEAN PIERRE ROY, 460 GILFORD, MTL

L'Équipe Lévesque a tenu ses engagements.

"L'économie du Québec a progressé plus vite que celle de l'Ontario depuis la victoire du Parti Québécois".
Financial Times
(3 décembre 1979)

L'Équipe Lévesque a fait plus qu'être un bon gouvernement. Elle nous a donné les outils essentiels à la relance de notre économie. Les Libéraux, toujours contrôlés par les intérêts que nous connaissons, voudraient mettre la hache dans ces gains durement acquis pour nous affaiblir de nouveau. Le Québec dira non aux Libéraux !

☑ **Loi 101 : Notre langue enfin respectée !**
On reconnaît enfin notre droit fondamental de vivre et de travailler en français. Les Libéraux, sur les ordres de ceux qui les contrôlent, voudraient rouvrir le dossier... "... et ouvrir les plaies qui se cicatrisaient" (Le Soleil, 19 janvier 1981).

☑ **Abolition de la taxe de vente sur les vêtements, les chaussures et les meubles !**
Une mesure qui permet à toutes les familles de mieux boucler leur budget et qui prouve que notre

gouvernement sait défendre nos vrais intérêts. Le chef libéral, lui, déclare : "L'abolition de la taxe de vente, en principe, ce n'est pas bon" !!! (Actualité, octobre 1980).

☑ **Réduction des impôts, quatre ans de suite !**
Gestion sévère des fonds public, suppression du gaspillage et du patronage, réduction des impôts et abolition de la taxe de vente... aujourd'hui chacun de nous paie en moyenne 600$ de moins d'impôts par an ! "L'intention réelle du Parti libéral n'est pas de réduire les impôts, mais de les augmenter... subrepticement" (La Presse, 22 janvier 1981).

☑ **200 000 emplois créés en trois ans !**
L'opération OSE, les programmes d'emplois pour les jeunes, ont permis d'injecter plus de 875 millions $ dans nos PME et de créer plus de 200 000 emplois en 3 ans ! L'Opposition suggère de

couper ces programmes indispensables !!!

☑ **Salaire minimum, sécurité au travail !**
Autant de mesures essentielles qu'il fallait prendre pour assurer un mieux-vivre à tous nos travailleurs. Résultat : "Le climat social au Québec n'a jamais été aussi bon" (Le monde des affaires, juillet 1980) Qu'amènerait le programme des Libéraux ? "Des heures dangereuses pour la liberté syndicale et la paix sociale" (Le Devoir, le 19 janvier 1981).

☑ **L'assurance-auto : 4 ans sans hausse de primes !**
Maintenant tout le monde est couvert ! Personne n'avait osé passer cette mesure... Bien plus, les Libéraux ont voté contre !

☑ **La protection des terres agricoles !**
Ça fait 20 ans qu'on attendait ça ! Mains liées, les Libéraux

n'ont jamais eu le courage de s'attaquer au problème.

Aujourd'hui, l'équivalent de 61% des aliments que nous consommons est produit par nos agriculteurs : un record et c'est pas fini !

☑ **Plus grande justice sociale !**
Loi sur la protection du consommateur, aide aux personnes handicapées, abolition des clubs privés de chasse et de pêche, soins dentaires gratuits pour les moins de 15 ans, médicaments gratuits pour les personnes âgées... ...aucun gouvernement précédent n'a travaillé aussi fort pour défendre nos vrais intérêts.

POUR VIVRE DANS UNE SOCIÉTÉ QUÉBÉCOISE FORTE, ON A BESOIN DE L'ÉQUIPE LÉVESQUE.

faut rester forts au Québec

l'Équipe Lévesque **Parti Québécois**

LES RÉSULTATS DU "BON GOUVERNEMENT" APRÈS 4 ANS DE RÉGIME "PÉQUISTE"...

UNE SITUATION ÉCONOMIQUE DÉSASTREUSE

- **CHÔMAGE**

  de 1973 à 1976: **196,000** chômeurs en moyenne;

  de 1977 à 1980: **292,000** chômeurs en moyenne!

  Un "bon gouvernement" qui fait augmenter le nombre de chômeurs de près de 100,000!

- **EMPLOIS**

  Moyenne annuelle des emplois créés à temps plein:

  entre 1971 et 1976: **63,000** emplois;

  entre 1977 et 1980: **30,250** emplois!

  Un "bon gouvernement" qui réussit à créer la moitié moins d'emplois que son prédécesseur!

- **CONSTRUCTION RÉSIDENTIELLE**

  Le nombre d'unités de logement mis en chantier au Québec:

69,000	58,000	44,000	42,000	29,000
1976	1977	1978	1979	1980

  1973-76 : le Québec représente **25%** des mises en chantier au Canada et

  1977-80 : **21%**

- **DÉPART D'ENTREPRISES**

  Depuis 1976, plus de 150 entreprises déménagées en tout ou en partie hors du Québec:

  Une perte de 20,000 emplois!

- **EN QUATRE ANS, LA PART QUÉBÉCOISE DE L'ÉCONOMIE CANADIENNE A DIMINUÉ À TOUS LES ÉGARDS:**

	1973-1976	1977-1980
Emplois créés	22%	19%
Investissements en fabrication	25%	20%
Tous les investissements	24%	21%

DES DÉFICITS RECORDS

- En 1970 et 1976, un DÉFICIT moyen de $450 MILLIONS;
- En 1977 et 1980, un DÉFICIT moyen de $2 MILLIARDS!

- **DETTE TOTALE DU GOUVERNEMENT**

  En 1976: près de $ 4 000 / Famille de 4;

  En 1981: près de $10 000 / Famille de 4!

UNE AUGMENTATION INQUIÉTANTE DE LA BUREAUCRATIE ET DE LA PROPAGANDE

- Des interventions étouffantes qui sèment la confusion et minent l'autonomie des hôpitaux, des commissions scolaires et des municipalités;

- en 4 ans, 12,000 personnes de plus à l'emploi du gouvernement malgré que toutes les grandes réformes aient été réalisées avant leur arrivée au pouvoir;

- 7,000 pages de règlements et de lois additionnelles en 4 ans;

- le gouvernement péquiste devient un des plus gros annonceurs au Canada, passant du 28ème rang en 1977 au 4ème rang en 1979. Avant la General Motor!!

- des douzaines de livres Verts, Blancs et Bleus sans lendemains.

UNE POSITION CANADIENNE AFFAIBLIE

par un gouvernement séparatiste dont l'objectif premier a été rejeté par la population;

par un gouvernement séparatiste qui ne peut imaginer, ni gagner la place qui revient aux Québécois, aux francophones et au Québec, dans le reste du Canada;

par un gouvernement séparatiste qui maintient un climat d'incertitude qui a de graves conséquences économiques pour les Québécois;

UN PARTI DE COMBAT, DE COURAGE... ET DU PEUPLE.

Roch LaSalle

La voie du bon sens !

UN PROGRAMME PLEIN DE BON SENS:

LE BON SENS POUR LES JEUNES:

- Education:
  - Meilleure qualité
  - Crédit étudiant
  - Amélioration du rapport école-travail

- Main-d'oeuvre:
  - Création d'une direction générale de la planification de la main-d'oeuvre étudiante, parce que 45% des chômeurs actuels sont âgés de 18 à 25 ans.

LE BON SENS POUR LES FEMMES:

- Reconnaissance concrète du rôle économique joué par la femme au foyer.
- Politique de la famille qui constitue la cellule première de notre société.
- Amélioration des conditions de vie et de travail pour la femme sur le marché du travail. Amélioration qui donnera la priorité à une plus grande accessibilité aux services de garderies.
- Permettre à la femme au foyer de contribuer au régime des rentes du Québec.
- Elaboration d'une politique de travail à temps partiel.
- Accorder les indemnités de grossesse à la femme au foyer comme on le fait pour la femme sur le marché du travail.

LE BON SENS POUR LES HOMMES ET LES FEMMES D'AFFAIRES:

- Prépondérance à l'initiative privée.
- Plus de liberté à l'entreprise privée.
- Limiter le rôle de l'état.
- Eviter les déficits budgétaires.
- Relance de l'économie.
- Plan d'accès à la propriété qui s'attaque à la hausse et à l'instabilité des taux hypothécaires.

LE BON SENS POUR LA PAIX SOCIALE:

- Interdiction du droit de grève dans les secteurs de la santé, de l'éducation, de la sécurité publique (police et pompier) et de l'Hydro-Québec.
- Politique globale de la main-d'oeuvre.
- Créer un ministère de ressources humaines pour remettre de l'ordre dans le fouillis actuel.

LE BON SENS POUR LES PERSONNES ÂGÉES:

- Reconnaître officiellement l'importance des personnes âgées en nommant un ministre d'état au troisième âge.
- En faveur de la liberté pour les personnes âgées d'avoir la possibilité de choisir leur milieu de vie en leur donnant le choix entre le centre d'accueil ou la résidence personnelle.
- En faveur d'une plus grande sécurité de revenu.
- Amélioration du service des soins à domicile.

LE BON SENS POUR LES AGRICULTEURS:

- Relève agricole:
  - Plan enregistré d'épargne agricole permettant à une personne qui veut acheter une ferme, de mettre de côté 2 500$ par année déductible d'impôt, sur une période de 10 ans. Ce fonds de départ est transférable.
- Zonage agricole:
  - Décentralisation et régionalisation des centres administratifs du zonage agricole pour permettre aux agriculteurs de se faire entendre dans leurs régions.
  - Respecter les droits des individus en prévoyant un mécanisme d'appel des décisions de la commission sur la protection du territoire agricole.

La supériorité de l'organisation du Parti québécois, manifeste quant aux méthodes et aux messages, est également révélée par les statistiques sur les effectifs. C'est le Parti québécois qui a le plus grand nombre de membres et le plus grand nombre de militants.

Les cotisations perçues par les partis auprès de leurs membres constituant des revenus qu'ils doivent maintenant déclarer et les barêmes de cotisation étant publics, les statistiques des grands partis relatives à leurs effectifs paraissent dorénavant assez fiables.

Alors que le Parti libéral du Québec comptait jadis beaucoup plus de membres cotisants que le Parti québécois, depuis 1976 c'est dorénavant au Parti québécois que l'on trouve les effectifs les plus considérables. De 1970 à 1976, les effectifs du Parti libéral ont crû de 30 pour cent environ, pour atteindre 107,000 membres, fin octobre 1976. Ceux du Parti québécois ont décuplé, pour atteindre 94,000 membres, fin octobre 1976, et 130,000 quinze jours plus tard, à la veille du 15 novembre.

La croissance des effectifs du Parti québécois s'est poursuivie depuis 1976 à un rythme élevé. Ces effectifs ont presque triplé en moins de cinq ans. Le 8 mars 1981, au terme d'une brève campagne de financement pré-électoral, selon un communiqué « officiel », le Parti québécois comptait 339,033 membres en règle, dont 38,418 nouveaux adhérents de 1981.

Ce chiffre dépasse largement celui qu'affichait quelques jours plus tôt le chef libéral Claude Ryan. S'adressant aux militants réunis en assemblée d'investiture du candidat libéral dans la circonscription de Chauveau, le 3 mars 1981, Claude Ryan avait en effet déclaré : « Sur les 254,000 membres qui forment le Parti libéral, 33,000 seulement sont des anglophones ».

Non seulement le Parti québécois compte-t-il plus de membres que son principal concurrent, mais encore, il rassemble davantage de militants. En effet dans la mesure où l'on qualifie de « militants » ceux qui, bénévolement et régulièrement, consacrent du temps aux tâches réquises pour assurer la vie du parti, on peut estimer à quelque 30,000 le nombre des militants du Parti québécois et à 20,000 celui des militants libéraux. Le taux d'activité des associations de comté et l'étonnante division du travail pratiquée au sein du Parti québécois justifient assurément une telle évaluation, corroborée par ailleurs par divers informateurs.

En période électorale, le nombre de travailleurs d'élection est toutefois plus élevé. À cet égard le Parti libéral bat même des records avec 66,000 personnes.

Les militants du Parti québécois paraissent s'activer, à l'extérieur du parti, dans quatre principales catégories d'organisations « volontaires » : les syndicats de salariés, les coopératives d'épargnants et de consommateurs, les associations patriotiques, les regroupements d'intervention sociale.

Les militants du Parti libéral qui s'activent dans d'autres organisations volontaires que leur parti paraissent être davantage présents dans les associations de professionnels, de cadres ou d'hommes d'affaires, dans les clubs sociaux, les œuvres de charité, ou des organismes de loisirs ou de sports.

Les informations obtenues de délégués aux congrès des deux grands partis justifient une impression générale, qui est corroborée par ailleurs par l'examen des biographies des candidats de ces partis, que le Parti québécois est un parti de salariés fortement scolarisées et syndiqués et le Parti libéral, le parti des hommes d'affaires et des professionnels.

Étant choisis par les associations de comté, que dominent les militants, les candidats ont généralement des caractéristiques voisines de celles des militants.

Les candidats et les militants du Parti québécois :
une majorité de professeurs ou d'anciens professeurs

Parmi les 122 candidats du Parti québécois en 1981, 48 sont en congé d'un emploi du secteur de l'éducation ou ils ont quitté récemment un tel emploi ainsi que l'illustrent les renseignements présentés plus loin en annexe (annexe 4, pages 215-220). L'examen des *Notes biographiques des candidates et candidats* publiées par le Parti québécois en avril 1981 révèle par ailleurs qu'une quinzaine d'autres membres de « l'équipe Lévesque » ont enseigné jadis, au début ou au cours de leur carrière : Yves Bérubé, Nicole Boily, Claude Charron, Michel Clair, Richard Guay, Gisèle Hurtubise, Pierre-Marc Johnson, Camille Laurin, Denis Lazure, Denise Leblanc, Jean-Paul Martel, Claude Morin, Clément Richard... Deux autres candidats (Patrice Laplante et Gilles Michaud) ont été commissaires d'école. Enfin, parmi ceux dont la biographie ne fait état d'aucune expérience dans l'enseignement, plusieurs ont poursuivi des études avancées à un très haut niveau, tels Denis de Belleval, Pierre Marois ou Louise Harel, histoire d'en nommer quelques uns.

Les activités sociales de ces personnes sont assez caractéristiques du milieu de l'enseignement : participations syndicales, engagements sociaux en faveur de changements dans les comportements ou les structures, bénévolat dans des organisations « nationalistes ». Très peu de candidats du Parti québécois font état d'adhésions à des organismes comme les Chambres de Commerce, les Chevaliers de Colomb, les Clubs Richelieu, Optimiste, Kiwanis ou Lions...

Inversement, c'est presque la norme chez les candidats du Parti libéral que d'adhérer à l'une de ces organisations « si importantes pour les relations d'affaires ». Parmi les candidats du Parti libéral, c'est le monde des affaires qui domine, associé en cela avec la pratique privée du droit, du génie ou de la médecine. Au total, 27 candidats s'identifient comme « hommes d'affaires, commerçants, chefs d'entreprises ou administrateurs (dans une entreprise) » ; il y a, en outre, 9 courtiers d'assurances, 3 relationnistes ou spécialistes en relations publiques, 2 conseillers en gestion, 30 avocats ou notaires de la pratique privée. S'associent à ce groupe, en ayant les mêmes appartenances sociales (aux Chambres de Commerce, par exemple) une douzaine d'autres candidats, professionnels de la pratique privée (médecins, ingénieurs, par exemple) et une quinzaine d'administrateurs du secteur public (anciens sous-ministres ou directeurs d'écoles, par exemple). Restent, dans la catégorie « autres », la moitié des candidates (Noëlla Labelle, Véronique Guimont-Barry, Lise Thibault, Louise Paré, Joan Dougherty, Lise Vachon Marcotte, Solange Chaput-Rolland) et des personnes comme Claude Ryan et Jean Rivard (des journalistes), Herbert Marx (avocat, ancien administrateur, ancien professeur de droit), Henri-François Gautrin (un professeur d'université)...

L'image du Parti libéral que projettent ses candidats n'aura sans doute pas été modifiée en 1981 par rapport à ce qu'elle était en 1976 ou auparavant. Autant le Parti québécois peut paraître le parti des enseignants (ou des « intellectuels » comme on dit souvent, péjorativement), autant le Parti libéral apparaît-il comme le parti du monde des affaires et des professions de la pratique privée. Le contraste, déjà bien étayé par les compilations publiées dans *Québec : élections 1976* (pages 81-83), demeure marqué.

Dans les rares circonscriptions que les libéraux concédaient d'avance au Parti québécois (Anjou, Bertrand, Bourget, Chicoutimi, Duplessis, Jonquière, Lafontaine L'Assomption, Laval-des-Rapides, Louis-Hébert, Marie-Victorin, Saguenay, Saint-Jacques, Sainte-Marie, Taillon, Trois-Rivières...), on trouve 3 des candidates libérales, alors que la moyenne d'âge des 13 candidats « perdus » est de 38 ans (ou moins, si l'on exclut du compte Larry Wilson, qui s'est dévoué dans Taillon pour montrer que les espoirs du parti étaient sans limite). La moyenne d'âge des candidats libéraux étant de 44 ans, il est tentant d'accréditer la thèse suivant laquelle les dirigeants du parti enverraient de jeunes militants « boucher les trous ». Par ailleurs les tergiversations relatives aux candidatures libérales dans Chicoutimi, Louis-Hébert et Marie-Victorin, où finalement des femmes se sont portées « volontaires », laissent penser qu'il y a du vrai dans les assertions que des candidates sont bienvenues là où il n'y a pas de concurrents masculins.

La présence de candidats plus âgés aux côtés de Claude Ryan (tels Marcellin Tremblay, Gilles Perron) a laissé l'impression que « l'équipe Ryan » était d'une génération vieillissante. Les biographies des candidats péquistes et libéraux, pourtant, révèlent que l'âge moyen des candidats du Parti québécois est le même que chez les candidats libéraux (44 ans) avec une distribution par cohortes comparable. De fait, dans la moitié des circonscriptions, le candidat du Parti québécois est aussi âgé ou plus âgé que son adversaire libéral.

C'est néanmoins l'impression laissée aux électeurs qui compte dans le choix électoral de ces derniers, et non pas les faits tels que l'on peut les préciser après l'événement.

La stratégie des dirigeants du Parti québécois

De ce point de vue les propagandistes du Parti québécois ont l'art de projeter d'eux-mêmes une image favorable. Ils ont soin, par exemple, d'accompagner René Lévesque de personnes de tous les groupes d'âge et de diverses tendances, et de faire paraître des femmes à ses côtés, qu'elles soient ses collègues de l'Assemblée nationale, des candidates ou de simples militantes. Les photos prises de René Lévesque ont alors toutes les chances de montrer d'autres visages que le sien et l'image de l'équipe diversifiée, représentative, s'accrédite peu à peu.

Contrairement à ce qu'on a pu dire, parce que les sondages révèlent que la majorité des répondants préfèrent René Lévesque à Claude Ryan, les stratèges du Parti québécois ont mis l'accent sur l'équipe. Pour eux, l'équipe était un deuxième atout à exploiter et, parce que moins connue, l'équipe devait recevoir davantage d'attention. N'insister que sur la personne du chef, c'eût été se priver d'un deuxième atout sous prétexte qu'un très bon atout suffit.

Les placards reproduits plus haut (pages 128-132) illustrent bien la stratégie de campagne du Parti québécois : parer les attaques des libéraux en présentant l'actif du bilan, et les prendre de revers en annonçant des engagements concrets, réalistes, attendus même...

Dès le départ, sachant les libéraux empêtrés dans leur programme inachevé, les dirigeants du Parti québécois avaient décidé de compléter leur stratégie publicitaire de base par une manœuvre de contre-attaque orientée contre ce programme inachevé.

Il était également impérieux d'harceler l'adversaire sur tous ses autres point faibles, en particulier sa liaison dangereuse avec le Parti libéral de Pierre Elliott Trudeau, menaçante pour la survie de l'autonomie du Québec, ou encore, si le débat devait porter sur la revision constitutionnelle, l'ambiguïté des options dites fédéralistes.

Sur ce dernier point, faut-il le répéter, la position du Parti québécois était excellente. La décision du premier ministre du Canada de « rapatrier unilatéralement la constitution » avait laissé le Parti libéral de Claude Ryan sans défense. La distinction opérée par ailleurs par le Parti québécois entre son option souverainiste et son engagement à court terme de respecter le verdict référendaire l'immunisait contre le venin anti-séparatiste des libéraux.

Conscients de l'importance de leurs points faibles, les dirigeants libéraux voulaient éviter de donner le champ libre aux attaques du Parti québécois. C'est ainsi que toute intervention de ministres ou de députés fédéraux fut « déconseillée » et que l'hypothèse d'une offensive contre l'option constitutionnelle du Parti québécois fut provisoirement écartée, d'autant plus qu'on craignait qu'elle n'ait pas d'impact positif en raison des stratagèmes utilisés par les péquistes à ce sujet.

Les libéraux fédéraux quant à eux ont semblé peu intéressés à se mêler de la campagne, car ils ont cru que le Parti libéral du Québec récolterait 96 sièges comme l'a confié Louis Duclos le soir de l'élection au quotidien *Le Soleil*.

Pour les dirigeants libéraux, l'idéal était de décontenancer les membres du Parti québécois en sapant leur image de « bon gouvernement » puis d'avancer divers engagements peu coûteux, assez généraux ou symboliques. Les placards reproduits plus haut (pages 128-132) montrent que cette stratégie des libéraux a été suivie, cependant la tournure des événements a vite amené une révision des positions initiales quant à l'offensive contre le « séparatisme ».

Pour des raisons en partie budgétaires, tenant aux limites imposées par la loi sur les dépenses électorales, les deux partis ont opté depuis longtemps pour ce qu'ils appellent des « campagnes électorales décentralisées ». Les budgets réservés à la publicité « nationale » (quotidiens, télévision) sont à peu près équivalents pour les deux partis. Par contre les dépenses locales, celles des candidats, varient considérablement (affiches, « spots » à la radio, publicité dans les hebdomadaires régionaux, réceptions, frais de déplacement, brochures, etc.).

Le Parti libéral affectionne, depuis l'arrivée de Claude Ryan, la formule traditionnelle dite du « porte à porte » et des « assemblées de cuisine ». Convaincus que cette formule explique une bonne part du succès remporté lors des élections partielles et au référendum, les militants libéraux ont paru mener la campagne de 1981 comme s'il était agi de gagner 122 élections partielles simultanées. À une élection partielle on peut concentrer les énergies de l'organisation « nationale » dans une petite section du territoire. Les enjeux d'une élection partielle sont propres aux conditions d'une telle élection.

Les libéraux ont sans doute eu tort de ne pas mettre davantage l'accent sur les communications de masse, et de chercher à toucher la totalité de l'électorat. Ils n'ont pas su présenter leurs bons côtés, montrer leur équipe, leur « cabinet provisoire ». Les média n'ont finalement transmis, à toutes fins utiles, que l'image du chef serrant des mains d'inconnus ou s'adressant à de petits attroupements. Les assemblées ont été mal couvertes par les média et celle du Centre Paul-Sauvé, à Montréal, est arrivée bien tard.

Finalement, les résultats du scrutin, le 13 avril 1981, ont montré que la stratégie du Parti québécois avait eu un certain succès contrairement à celle des libéraux.

Le verdict : le 13 avril

Chapitre IV

Le verdict : le 13 avril

Dès 21 heures, le soir du scrutin, le 13 avril, la compilation des votes confirme les conclusions tirées au cours des journées précédentes à la suite de la parution des résultats des sondages. Le Parti québécois sort vainqueur de l'affrontement.

Les commentateurs invités à s'exprimer sur les ondes de la radio et de la télévision expliquent le renversement de tendance qui s'est produit entre le 20 mai 1980 et le 13 avril 1981 par l'habileté des stratèges du Parti québécois et la piètre performance du chef libéral.

Des grands réseaux de télévision qui desservent le Québec, trois seulement sont en mesure de couvrir l'événement puisqu'une grève des journalistes, qui dure depuis la fin d'octobre 1980, paralyse toujours le service des nouvelles de Radio-Canada. L'ordinateur chargé de la compilation des résultats pour le réseau T.V.A. et Radio-Québec déraille et c'est finalement le réseau C.T.V. qui fait connaître les résultats définitifs : 80 candidats du Parti québécois et 42 libéraux sont élus ; l'Union nationale perd partout.

25

Les électeurs québécois se sont rendus aux urnes dans une forte proportion ; 82,5 pour cent des 4,408,897 électeurs inscrits ont rendu un verdict que peu d'observateurs avaient prédit au lendemain du référendum. Le Parti québécois semble balayer la province, augmentant la majorité de 67 sièges qu'il détenait à la dissolution de la chambre. Fait remarquable, il accroît sensiblement sa part des suffrages recueillis, qui passe à 49,2 pour cent, tout près de la majorité absolue des voix. La hantise des leaders péquistes, être appellés à former le gouvernement avec une proportion de suffrages moindre que celle du Parti libéral, est écartée. Le Parti québécois a plus de trois points d'avance sur son principal adversaire, qui recueille 46,1 pour cent des suffrages. L'Union nationale, qui espérait obtenir « la balance du pouvoir », se retrouve avec seulement 4 pour cent des suffrages. Aucun candidat indépendant ni aucun candidat des « petits partis » de droite et de gauche ne réussit à percer ; les appuis obtenus par l'ensemble des 161 candidats de ces petits partis, y compris les indépendants, totalisent 24,028 votes, c'est-à-dire moins de 0,7 pour cent des suffrages.

Près de 10,000 partisans péquistes, réunis au Centre Paul-Sauvé, accueillent avec un enthousiasme débordant l'annonce de ces résultats. On est loin de la déception du 20 mai 1980 alors que, réunis dans la même salle, démoralisés, ils se disaient sans trop de conviction : « Oui, à la prochaine ».

Au début de la soirée, ils acclament à tout rompre l'un des premiers députés réélus, Camille Laurin, qui vient leur dire : « La loi 101 est sauvée... Le Québec restera français... Bientôt nous ferons du Québec un pays ».

À son tour, René Lévesque est accueilli par une immense clameur lorsqu'il fait son apparition un peu après

23 heures. Pendant cinq minutes, ses partisans ne cessent de l'applaudir, de lui crier leur joie, leur admiration.

« Contrairement à ce qu'avaient pensé certains en 1976, nous ne sommes plus un accident de parcours », affirme le chef péquiste, qui voit dans la victoire le maintien de l'intégrité politique, la continuité de la défense et de la promotion des droits et des intérêts fondamentaux du Québec, la continuité du développement et de « la confiance en nous ».

Presque 50 pour cent des suffrages, cela signifie en outre, pour le premier ministre, que le Parti québécois a obtenu, pour la première fois de son histoire, un appui important de la part des Québécois non-francophones.

Claude Ryan accepte de son côté la défaite avec dignité. Au centre sportif du collège du Vieux-Montréal, où la fête n'a jamais commencé, il est accueilli par ses proches, des organisateurs du parti, quelques députés libéraux de la région de Montréal, en tout 300 personnes qui se tassent près de l'estrade dans une immense salle vide. Les traits tirés, ému, le chef libéral déclare : « Nous acceptons et respectons sans aucune arrière-pensée la volonté souveraine de la population. Je félicite le Parti québécois et son chef ainsi que tous les députés élus. Je leur souhaite un mandat fructueux. »

« Le Québec continuera à la suite de cette élection de vivre sur la corde raide au plan constitutionnel », prévient toutefois Claude Ryan qui rappelle à ses militants qu'il appartient au Parti libéral « de surveiller le gouvernement pour qu'il n'essaie pas de faire sortir le Québec du Canada ». Le chef libéral, qui se dit prêt à servir « là où on me dira que je suis le plus utile », incite ses partisans à continuer la bataille, à « travailler plus fort pour faire accepter nos convictions ». Notant le faible écart de trois points qui sépare libéraux et péquistes, il souhaite qu'une éventuelle réforme du mode de scrutin rende plus juste le partage des sièges de l'Assemblée nationale.

Les militants libéraux, partout à travers le Québec, sont atterrés par la défaite. Ils avaient rejeté avec force la réalité décrite par les sondages, préférant croire les « pointages » effectués par l'armée de militants libéraux qui ont frappé sans relâche à des milliers de portes tout au long de la campagne. Pierre Bibeau, l'organisateur en chef, montre aux journalistes les feuilles de « pointage » qui lui permettaient de croire que le Parti libéral aurait 64 sièges. Personne ne manifeste d'animosité à l'endroit du Parti québécois, à qui l'on rend hommage pour sa « belle campagne ». Les militants libéraux présents au collège du Vieux-Montréal préfèrent chercher dans leurs rangs les causes de la défaite : « absence de marketing, mauvaise image du chef, erreurs de stratégie », laissent tomber plusieurs d'entre eux.

Roch LaSalle attend pour sa part les résultats de l'élection dans sa circonscription de Berthier où, quelques minutes avant la fermeture des bureaux de scrutin, il espère toujours se faire élire. En compagnie de cinq ou six autres candidats unionistes, il accueille avec sang-froid le désastre que représente cette élection pour son parti, désastre dont il n'avait pu imaginer l'ampleur. « C'est la tête haute que j'accepte le verdict populaire », dit-il à la centaine de partisans venus l'encourager, ajoutant que ce qui est déshonorant ce n'est pas de perdre, mais de refuser de se battre, ce qui n'est pas le cas pour son parti. Par la suite, il confie toutefois aux journalistes que cet échec signifie la fin de sa carrière politique. Et puis, avec un brin de satisfaction, il prédit que, devant la force du nouveau gouvernement québécois, le gouvernement fédéral devra se tenir sur ses gardes en matière constitutionnelle.

Les réactions

La réélection du gouvernement dirigé par René Lévesque est accueillie diversement. Les centrales syndicales se réjouissent et interprètent le résultat du scrutin comme une « défaite de la droite ». Le monde des affaires met de côté l'hostilité qui avait caractérisé son attitude au lendemain de l'élection de 1976. Ainsi, le Conseil du patronat et la Chambre de Commerce offrent leur collaboration au gouvernement, se réjouissant qu'on ait mis en veilleuse la souveraineté-association pour mettre l'accent sur le développement économique.

Les quotidiens québécois commentent positivement la réélection du Parti québécois. Marcel Pépin écrit dans *Le Soleil* : « Les Québécois ressentaient le besoin de marquer leur esprit d'indépendance et avaient le goût de montrer qu'ils sont toujours les seuls maîtres de leur avenir. Parce qu'il n'a pas su canaliser ce désir légitime de fierté, monsieur Ryan a été rejeté dans l'opposition. C'est une leçon que son parti devra méditer ». Marcel Adam, dans *La Presse,* note que les Québécois ont été logiques avec eux-mêmes, votant selon leur sentiment pour un gouvernement dont ils sont satisfaits et pour un chef populaire, ce contre quoi l'équipe libérale et Claude Ryan ne pouvaient rien de toute façon.

Dans *The Gazette,* on note que, « une fois de plus, comme à leur habitude, les Québécois ont misé sur deux tableaux : rouge à Ottawa, bleu à Québec ». On rappelle également que le Parti québécois a le mandat de former un bon gouvernement ; il n'a aucunement le mandat toutefois d'œuvrer pour l'indépendance que ce soit de façon manifeste ou autrement.

À Ottawa, on accueille la victoire péquiste avec surprise. On s'était refusé de manière générale à croire les prédictions d'une victoire péquiste et, au moment où la victoire du Parti québécois est confirmée, Pierre Trudeau et la plupart de ses collègues demeurent muets. Donald Johnston, député de Saint-Henri-Westmount et président du Conseil du trésor, affirme toutefois que « rien ne pourrait être pire pour le Québec à ce moment-ci ». Sa collègue, ministre de la Santé, Monique Bégin, explique que les Québécois ont voté pour René Lévesque, ayant cessé de croire qu'il s'agit d'un homme dangereux.

Le premier ministre fédéral attend pour sa part deux jours avant de réagir publiquement. Le 15 avril, il envoie à René Lévesque un télégramme où il affirme que la victoire péquiste s'explique par la « prudence légendaire des Québécois qui ont toujours refusé de mettre tous leurs œufs dans le même panier »... Ils réélisent simplement un gouvernement dont ils étaient satisfaits après avoir « sonné le glas du séparatisme » lors du référendum.

Le Parti conservateur par le voix de son chef, Joe Clark, interprète de son côté le résultat de l'élection comme le rejet par les Québécois du projet du gouvernement fédéral de rapatrier la constitution unilatéralement. Selon le leader conservateur, ils ont manifesté à l'occasion de l'élection leur désir de voir ce problème solutionné au Canada.

La presse de l'Ontario commente l'événement en mettant en lumière le danger de sécession qui existe toujours. Dans *The Globe and Mail,* on écrit que l'élection a démontré de façon éclatante que le Parti québécois est bien enraciné, mais on dit craindre que, pendant les quatre prochaines années, le Parti québécois ne se laisse guider dans chacune de ses actions par son objectif de la souveraineté-association. On note aussi, au passage, la division linguistique qui caractérise maintenant la carte électorale, les circonscriptions anglophones étant libérales et les circonscriptions francophones, péquistes. Dans *The*

Ottawa Citizen, on écrit que la victoire électorale de René Lévesque est « un hommage à sa force personnelle et non un appui à son idéal indépendantiste », bien que les souverainistes viennent d'obtenir un délai de quatre ans pour semer le doute dans l'esprit des Québécois. *The Toronto Star,* plus prudent, affirme simplement que les Québécois, après l'aventure du référendum, ont refusé une « autre aventure imprécise » offerte par un « leader libéral imprévisible ».

Des résultats étonnants

La victoire du Parti québécois, sans surprise pour qui avait étudié les résultats des sondages précédant le scrutin du 13 avril, constitue néanmoins un tour de force qui, au lendemain de l'élection, ne laisse d'étonner certains observateurs de la scène politique. En onze mois, le premier ministre René Lévesque a su en effet retourner à son avantage une situation qui lui était défavorable à tous les points de vue, et passer de l'échec référendaire à une victoire électorale éclatante. L'exploit, une fois accompli, demeure sidérant même s'il est expliqué rationnellement et fort simplement.

La mise en veilleuse de l'option de la souveraineté-association paraît l'élément moteur de ce retournement de situation, notent d'un commun accord tous les observateurs. Elle a brisé la polarisation référendaire qui avait opposé, selon l'interprétation dominante, les fédéralistes aux souverainistes.

La décision de reporter l'élection de l'automne au printemps a permis par ailleurs de déplacer l'attention vers d'autres enjeux politiques que ceux du référendum.

Le Parti québécois a bénéficié des sentiments de satisfaction suscités par la performance du gouvernement de René Lévesque et par le style même de son chef.

Il a également tiré profit des erreurs stratégiques de ses opposants. Pierre Trudeau, avec son projet constitutionnel, a permis à René Lévesque de se poser en champion de l'autonomie et des droits du Québec, un domaine que Claude Ryan semblait lui laisser par ses positions mitigées.

Le Parti québécois paraît enfin avantagé, dans une certaine mesure, par le réalignement d'électeurs de langue française qui, en 1976, avaient appuyé des candidats unionistes ou créditistes. Contrairement à ce qu'on avait souvent prédit, les tiers-partis n'ont pas « ressuscité ». La victoire du Parti québécois marque en effet un retour au bipartisme, non seulement dans la répartition des sièges l'Assemblée nationale mais également dans le partage des suffrages. Le Parti québécois et le Parti libéral se retrouvent, à toutes fins utiles, seuls sur l'échiquier politique, détenant à eux deux tous les sièges et 95,3 pour cent des suffrages.

Un parti bien enraciné

René Lévesque vit un moment d'intense satisfaction le 13 avril lorsque, à la fin de la soirée, il s'adresse à ses partisans. La victoire confirme la vitalité de son parti fondé en 1968 : la preuve est faite que le Parti québécois n'est pas un accident de parcours dans l'histoire du Québec.

Depuis le 15 novembre 1976, il était évident que le Parti québécois était passé définitivement du stade de tiers parti à celui de grand parti politique. Toutefois de nombreux sceptiques étaient convaincus qu'une fois « le glas du séparatisme » sonné, au terme du référendum, ce parti allait s'effriter. Après l'échec référendaire, ce parti ne paraissait plus en mesure de recouvrer la proportion de 41 pour cent des suffrages obtenue en 1976. Même avec l'appui d'anciens libéraux tels que Jean-Paul L'Allier et Kevin Drummond, avec l'appui d'anciens unionistes tels que Rodrigue Biron et Robert Lussier, ou d'anciens créditistes tels que Fabien Roy et Eudore Allard, le Parti québécois n'avait obtenu que 40 pour cent de votes en faveur de son option au référendum.

En obtenant maintenant 49,2 pour cent des suffrages, le Parti québécois ne laisse plus personne sceptique. Au seuil de la majorité absolue, il est confirmé dans le titre de premier parti du Québec.

Les résultats rendent caduque l'hypothèse d'une répétition du verdict de 1944 ou de 1966 alors que le parti ayant obtenu la majorité des sièges (l'Union nationale) n'était pas celui qui avait obtenu la majorité des voix. Cette hypothèse, entretenue par plusieurs politologues, avait amené les dirigeants du Parti québécois comme ceux du Parti libéral à concentrer leurs efforts, au cours de la campagne de 1981, au niveau des circonscriptions, comme l'avait fait l'Union nationale en 1944 et en 1966.

Le renversement de la tendance a été tel que l'avance du Parti libéral révélée par les sondages de 1978, 1979 et 1980 a fait place à une avance du Parti québécois. Dans 70 des 80 circonscriptions qui élisent un candidat péquiste, le parti ministériel obtient même une majorité absolue des voix.

Les résultats rendent également caduque l'hypothèse d'une répétition du verdict de 1976 alors que, dans 43 circonscriptions, le Parti québécois avait remporté la victoire sans avoir la majorité absolue des voix, grâce à la division de ses adversaires. Le 13 avril 1981, en effet, la présence d'un candidat unioniste a pu contribuer à l'élection d'un député péquiste dans seulement 10 circonscriptions (Bellechasse, Gaspé, Iberville, Johnson,

Lotbinière, Montmagny-L'Islet, Nicolet, Rousseau, Saint-Hyacinthe et Shefford), l'avance du Parti québécois y étant inférieure au nombre de voix obtenues par l'Union nationale. Dans cinq autres circonscriptions (Beauce-sud, Berthier, Laprairie, Maskinongé et Saint-Henri), on note le même phénomène mais au profit toutefois du Parti libéral.

La progression qu'enregistre le Parti québécois dans le partage des suffrages ne se vérifie pas cependant dans la répartition des sièges. Il passe de 67 sièges à la dissolution de la chambre à 80 dans la 32e Législature, mais le gain de 13 sièges n'est guère significatif puisque la nouvelle carte électorale mise en vigueur au début de 1980 a ajouté 12 sièges. Si on fait les concordances qui s'imposent en transposant les résultats de l'élection de 1976 sur la carte électorale de 1981, on découvre même que le parti de René Lévesque obtient, le 13 avril 1981, un siège de moins qu'il n'en aurait eu en 1976 si la division territoriale de 1981 avait alors été en vigueur. C'est ce qu'indiquent les statistiques de l'annexe 2, pages 205-209. Le Parti québécois aurait en effet obtenu 81 sièges le 15 novembre 1976 au lieu des 71 qu'il eut en réalité. Par contre, si l'on tient compte des changements d'allégeance politique de certains députés, et du résultat des élections partielles de 1979 et 1980, le gouvernement, au moment de la dissolution, aurait eu 79 des 122 sièges prévus dans la carte électorale de 1981, si celle-ci avait été en vigueur depuis 1976.

Selon cette transposition des résultats du scrutin de 1976 et des résultats des élections partielles dans la carte électorale de 1981, le partage des sièges entre les autres partis aurait été le suivant : Parti libéral, 26 sièges à l'élection de 1976 et 34 à la dissolution de la chambre ; Union nationale, 12 sièges à l'élection et six à la dissolution ; Ralliement créditiste, deux à l'élection et un à la dissolution ; Parti national populaire, un à l'élection et aucun à la dissolution ; députés indépendants, deux à la dissolution.

Force est de constater, une fois les concordances faites, que le Parti libéral est celui qui enregistre la plus forte progression dans le partage des sièges, soit 16 de plus que le 15 novembre 1976 et huit de plus qu'à la dissolution. Mais, compte-tenu de la progression que ce parti enregistre au niveau des suffrages, passant de 33,8 à 46,1 pour cent, il faut convenir, que cette répartition est loin d'être équitable. Avec 49,2 pour cent des voix, le Parti québécois obtient en effet 65,6 pour cent des sièges alors que le Parti libéral doit se contenter de 34,4 pour cent des sièges. L'Union nationale se retrouve aussi perdante dans ce jeu de partage des sièges puisqu'elle n'en a aucun.

Il faut attribuer ce déséquilibre au seul effet du mode de scrutin. La carte électorale paraît en effet de son côté avoir un impact neutre puisque la population électorale des circonscriptions est, au total, bien répartie. Si un déséquilibre existe, il serait plutôt en défaveur du Parti québécois puisque la population des circonscriptions qu'il a remportées est en moyenne légèrement plus élevée que celle des circonscriptions libérales.

L'existence d'une stabilité relative dans la répartition des sièges n'exclut pas les mouvements dans l'attribution des fauteuils de l'Assemblée nationale. Si l'on garde toujours les mêmes concordances entre les cartes électorales de 1976 et de 1981, on dénombre 27 changements.

Le Parti québécois s'approprie ainsi quatre des circonscriptions de l'Union nationale (Bellechasse, Gaspé, Nicolet et Saint-Hyacinthe) tandis que le Parti libéral obtient la circonscription unioniste de Richmond. La circonscription de Jacques-Cartier serait allée à l'Union nationale en 1976 si la carte électorale de 1981 avait été alors en vigueur et elle revient, comme il se doit, dans le giron libéral le 13 avril 1981.

Le Parti libéral perd aux mains des péquistes sept circonscriptions, celles de Johnson, Maisonneuve, Montmagny-L'Islet, Prévost, Roberval, Rouyn-Noranda et Shefford. La circonscription d'Abitibi-Est aurait été attribuée au Ralliement créditiste en 1976 selon le découpage électoral de 1981 et elle revient au Parti québécois le 13 avril 1981.

Le Parti québécois concède toutefois 13 circonscriptions, anciennes ou nouvelles, aux libéraux, le 13 avril 1981 : Berthier, Chapleau, Hull, Jeanne-Mance, Laporte, Laprairie, Marquette, Papineau, Sainte-Anne, Saint-Henri, Vaudreuil-Soulanges, Viau et Viger. Il s'agit de circonscriptions où le Parti québécois avait, selon la carte de 1981, remporté moins de 43 pour cent des suffrages en 1976, exception faite de Jeanne-Mance (47 pour cent), Saint-Henri (49 pour cent) et Viau (44 pour cent).

Les gains réalisés par le Parti québécois le 13 avril 1981, par rapport à la situation qu'il connaissait au moment de la dissolution de l'Assemblée nationale, laissent penser qu'il a non seulement retrouvé des appuis qu'il détenait déjà en 1976, et qu'il avait perdus depuis (ce qu'illustrent ses victoires dans Prévost et dans Maisonneuve), mais qu'il a obtenu également l'appui de nombreux électeurs de langue française qui, en 1976, avaient appuyé des candidats créditistes ou unionistes (ce qu'illustrent ses victoires dans Abitibi-Est, Rouyn-Noranda, Bellechasse, Nicolet et Saint-Hyacinthe).

Les résultats des sondages publiés le 28 mars et le 11 avril 1981 révèlent d'ailleurs que le Parti québécois conserve l'appui des électeurs qui ont voté « oui » au référendum et gagne celui d'une certaine proportion des électeurs qui ont voté « non ». Selon les résultats du sondage de la maison SORECOM publiés le 28 mars, seulement 66 pour cent des répondants qui disent avoir voté « non » au référendum indiquent leur intention d'appuyer le Parti libéral le 13 avril, alors que 16 disent vouloir voter pour le Parti québécois et 9 pour l'Union nationale.

Au total, il ressort des réalignements survenus à cette élection dans la distribution des sièges que le Parti québécois jouit d'un appui bien réparti sur le territoire québécois, contrairement à la situation du Parti libéral et contrairement à sa propre situation aux élections précédentes où il était de mise de parler de « châteaux-forts » péquistes. Comme sur le plan démographique, où on note une tendance à un meilleur équilibre du vote péquiste, il faut souligner l'existence d'un « effet de contagion » parmi les appuis au Parti québécois. Il n'est pas inutile de préciser ici qu'en reprenant les circonscriptions qui lui appartenaient, mais qu'il avait perdues aux élections partielles, le Parti québécois aura démontré qu'il ne faut pas attacher aux résultats d'élections complémentaires une grande valeur dans la prévision du résultat de l'élection générale.

Le Parti québécois, enfin, a réalisé un gain de moins de 380,000 voix par rapport à 1976, les suffrages obtenus passant de 1,390,351 à 1,773,918. Au référendum de 1980, son option avait récolté 1,485,761 votes. Ainsi la victoire du Parti québécois repose partiellement sur une progression de son électorat ; mais elle découle également de l'abstentionnisme de nombreux électeurs qui ont voté « non » en 1980 : l'option du Parti libéral avait alors obtenu 2,187,991 votes et ses candidats, en 1981, n'en ont eu que 1,660,504.

La fin des tiers partis

Avec cette élection du 13 avril 1981, un cycle politique de 15 ans semble se terminer. Le Rassemblement pour l'indépendance nationale et le Ralliement national qui précédèrent la formation du Parti québécois en 1968 avaient donné l'occasion au mouvement indépendantiste de connaître sa première lutte électorale en 1966. Force négligeable à ce moment-là, ce mouvement acquiert ses lettres de noblesse à l'élection de 1970 alors que le Parti québécois est le parti d'opposition qui obtient le plus grand nombre de voix. L'élection de 1973 le confirme dans son rôle de premier parti d'opposition. En lui accordant le pouvoir, l'élection de 1976 lui attribue le titre, que certains croient provisoire, de premier parti politique. En même temps que le rôle du Parti québécois se confirme durant cette période, l'Union nationale évolue à l'inverse, au point que, devenue tiers parti à la place du Parti québécois, elle semble destinée à simplement disparaître.

Vouée à la disparition par maints commentateurs, dès la mort de son fondateur, Maurice Duplessis, l'Union nationale avait pu jusqu'ici se tirer d'affaire, réussissant même à reprendre le pouvoir en 1966 à la faveur des distorsions dans la représentation parlementaire. L'échec de Jean-Jacques Bertrand à l'élection de 1970 ne semblait pas catastrophique puisque ce parti demeurait malgré tout l'Opposition officielle, ayant obtenu plus de sièges que le Parti québécois et le Ralliement créditiste.

Le résultat du scrutin du 29 octobre 1973 semblait toutefois donner raison à ceux qui prédisaient sa disparition. L'Union nationale n'obtenait que 4,9 pour cent des voix et échouait dans sa tentative de faire élire des députés. Victime de la polarisation entre fédéralistes et souverainistes qui se livraient la lutte dans une élection aux allures référendaires, l'Union nationale avait alors vu une grande part de sa clientèle habituelle passer au Parti libéral.

Une élection partielle de 1974 dans la circonscription de Johnson avait permis à l'Union nationale de retrouver vie contre toute attente et de s'organiser en vue du scrutin de 1976. Rodrigue Biron, le nouveau chef unioniste, secondé par Maurice Bellemare, réussit l'exploit de ressusciter le parti de Maurice Duplessis. En 1976, l'Union nationale fit élire 11 de ses candidats et obtint 18,2 pour cent des suffrages.

Depuis l'élection de 1976, des crises internes ont vidé l'Union nationale de ses ressources. En 1981, à la veille du scrutin, elle était désarmée, sans argent, sans organisation. Son nouveau chef, Roch LaSalle, restait son seul espoir.

L'échec électoral de 1981 laisse les dirigeants de l'Union nationale dans une situation désespérée. N'ayant plus de représentant à l'Assemblée nationale, ils ne peuvent même plus compter sur l'allocation annuelle dont ils avaient bénéficié depuis 1976. Cette allocation, la subvention statutaire versée aux partis par l'Assemblée nationale, avait permis jusqu'en 1981 d'entretenir un secrétariat. Privés de cette allocation ($194,612 en 1979-1980, par exemple), les dirigeants unionistes ne s'appuieront désormais que sur le seul bénévolat des militants qui persévéreront. Seront-ils assez nombreux pour assurer la survie de leur parti jusqu'au prochain scrutin ? On peut en douter quand on voit que le chef lui-même annonce sa retraite.

L'Union nationale rencontrera un autre obstacle de taille si elle tente de se réorganiser. Entre le Parti libéral et le Parti québécois, il n'y a plus, à toutes fins utiles, de créneau politique pour elle. Parti conservateur au plan social et économique, l'Union nationale a vu le Parti libéral se définir, avec l'arrivée de Claude Ryan à sa tête, comme un parti nettement de centre-droite avec un programme qui contient souvent les mêmes idées et projets que les siens. Perdant une partie de son électorat, celle dont la principale caractéristique est le conservatisme politique, elle se retrouve aussi coincée sur le plan constitutionnel alors que le Parti québécois vient lui enlever son électorat attiré par la défense de l'autonomie du Québec. Les tentatives pour définir un programme politique original en vue de l'élection du 13 avril 1981 illustrent bien cette difficulté puisque l'électorat a boudé manifestement le parti, ses candidats et son programme.

L'Union nationale disparue, il ne reste plus de tiers parti capable de contester le moindrement les deux grands partis. L'Union nationale était le seul qui demeurait encore puisque, à la faveur des élections fédérales puis du référendum, deux des tiers partis de 1976 s'étaient dissous, le Ralliement créditiste et le Parti national populaire. Les regroupements qui étaient apparus à l'occasion du scrutin de 1976 étaient aussi disparus, soit l'Alliance démocratique et la coalition N.P.D. (Québec)-Regroupement des militants syndicaux de Montréal.

Seuls sont en lice, en plus de l'Union nationale, le 13 avril 1981, quelques « petits partis », de gauche ou de droite, qui, avec les candidats indépendants, ne recueillent que 0,7 pour cent des suffrages. Avec 24,028 votes, c'est tout juste si ces candidats indépendants et candidats des petits partis ont obtenu les suffrages des électeurs qui ont signé leurs bulletins de présentation. Alors que 60 électeurs résidant dans la circonscription doivent avoir signé le bulletin de présentation, 71 de ces candidats sans espoir n'ont même pas obtenu 100 votes.

Et parmi ces derniers, 21 n'ont même pas obtenu le vote des 60 signataires de leur bulletin de présentation.

Le Parti communiste du Québec, qui avait 14 candidats en 1976, n'en a plus que 10 en 1981, et ceux-ci ne récoltent que 748 votes, 1,020 de moins qu'en 1976. Des 10 candidats de 1981 du Parti communiste, cinq s'étaient dévoués en 1976 (Vittoria Bronzati, Claude Demers, Denis Gervais, Hervé Fuyet et Samuel Walsh, le vieux chef) : dans l'ensemble, ils font plus mauvaise figure qu'en 1976.

Une autre formation dite de gauche, le Parti des travailleurs du Québec, qui avait 12 candidats en 1976, en compte 10 en 1981. Ces 10 candidats obtiennent 1,038 votes, un peu moins que les 1,248 de 1976. Seuls trois des 12 candidats de 1976 ont renouvellé, en 1981, l'expérience d'une candidature sans espoir : Maurice Gohier, André Rousseau et Gérard Lachance, le chef. Sauf ce dernier, ils font en 1981 un moins bon « score » qu'en 1976.

À gauche, on trouve également, en 1981, deux formations qui n'étaient pas dans la course en 1976 : le Parti communiste ouvrier (section Québec) et le Parti marxiste-léniniste (Québec). Le premier a 33 candidats ; le deuxième en a 40.

Le Parti communiste ouvrier obtient quelque 4,500 voix (au premier décompte), chaque candidat récoltant 140 votes en moyenne. Le porte-parole du parti, Roger Rashi, candidat dans la circonscription de Mercier, réalise le quatrième meilleur « score » de son équipe avec 251 voix.

Le Parti communiste ouvrier, dont l'une des revendications est l'égalité pour les femmes (selon son dépliant publicitaire, reproduit page 161), est la formation politique qui, en 1981, compte la plus forte

Un véritable choix
pour les
travailleurs

Parti
communiste
ouvrier

J'travaille depuis
30 ans
j'gagne même pas
$200.00

Egalité pour les femmes

Les femmes combattent les emplois à bas salaire, la discrimination dans l'embauche et les injustices multiples qu'elles subissent. Le PCO appuie leurs luttes pour l'égalité et contre tout harcèlement sexuel.

Nous revendiquons:
• un salaire égal pour un travail de valeur égale.
• la fin de la discrimination dans l'embauche.
• le congé de maternité payé.
• le droit à l'avortement libre et gratuit.
• l'établissement d'un réseau universel de garderies financé par l'Etat, contrôlé par les usagers.

Défendons les droits syndicaux

Les trois grands partis attaquent avec véhémence les droits syndicaux et particulièrement le droit de grève. Malgré ses promesses, le PQ a agi tout comme le Parti libéral du temps de Bourassa.
Le PCO réclame:
• le retrait de toute loi restreignant le droit de grève dans les secteurs public et privé.
• l'interdiction d'utiliser des briseurs de grève; pas d'attaques policières sur les lignes de piquetage.
• la fin des injonctions dans les conflits de travail.

Justice pour les immigrants

Les travailleurs immigrants sont parmi ceux qui souffrent le plus de la crise économique. Ils font souvent face à la discrimination au travail, dans le logement, au harcèlement policier et à la menace de déportation.
Nous exigeons:
• les pleins droits démocratiques, incluant le droit à l'activité syndicale et politique pour les immigrants;
• l'arrêt des déportations et du harcèlement policier;
• la reconnaissance du statut de réfugié politique aux immigrants haïtiens.

proportion de femmes parmi ses porte-étendard : 16 sur 33. Par ailleurs 8 des 18 agents officiels des candidats sont des femmes. Seuls cinq des 33 candidats déclarent une profession qui exige des études universitaires (Danielle Bourassa, politicologue ; Pierrette Deschènes, professeur ; Edouard Lavallière, enseignant ; Louise Poisson, professeur ; Denise Saulnier, professeur). Les autres candidats s'identifient comme secrétaires (3), réceptionnistes (2), ménagères (2), journaliers (3), soudeurs (2) ou travailleurs salariés dans des emplois de même catégorie.

L'autre *nouveau* concurrent de gauche, le Parti marxiste-léniniste (Québec), avec ses 40 candidats, présente un profil socio-professionnel comparable à celui du Parti communiste ouvrier. Cinq de ces candidats affichent une profession qui requiert des études universitaires (Fernand Deschamps, chercheur ; Bernard Deslières, professeur ; Normand Fournier, sociologue ; Lisette Paradis, professeur ; Elizabeth Watkins, professeur). Les autres candidats, chômeurs, journaliers, étudiants, paraissent occuper des positions subalternes ou provisoires dans le monde du travail. Avec 7 étudiants parmi ses candidats, le Parti marxiste-léniniste paraît confirmer la réputation d'organisation de « jeunes intellectuels » qui lui est faite par la rumeur publique. Cette particularité du Parti marxiste-léniniste explique peut-être pourquoi ses candidats ont enregistré l'une des moins bonnes performances moyennes : 80 votes par circonscription ! Seuls, les candidats du Parti communiste de Samuel Walsh ont enregistré une moyenne inférieure : 75.

La performance moyenne la plus faible, du côté des partis dits de « droite », a été celle du Parti crédit social uni : 85 voix en moyenne pour chacun de ses 16 candidats. Ce parti, ce qui reste du Ralliement créditiste (156,062 voix en 1976, et 294,706 en 1973), ne présentait qu'une seule femme dans son équipe, ce qui en fait le parti le moins ouvert aux femmes après le Parti libéral (13 femmes sur 121 candidats), l'Union nationale (12 femmes sur 121 candidats) et le Parti des travailleurs du Québec (1 femme sur 10 candidats). Le Parti québécois comptait 15 candidates.

De tous les petits partis, c'est le *Freedom of Choice Party* (Parti de la liberté de choix) qui a eu le succès le plus grand : ses 12 candidats, tous de langue anglaise, ont récolté tout près de 5,000 voix au total (415 par candidat, en moyenne). Ce parti, présent dans des circonscriptions où l'opposition à la Charte du français est très vive, est le seul en 1981 à préconiser le bilinguisme au Québec. Son *unique* programme, c'est le droit de vivre et de travailler en anglais, de faire éduquer les enfants en anglais, de communiquer avec toutes les agences gouvernementales en anglais et d'utiliser l'anglais dans le domaine public et commercial, au même titre que le français.

Les arguments des candidats de ce parti sont les suivants : en moins de quinze ans, 600,000 Québécois ont quitté la province ; 80 pour cent des jeunes diplômés anglophones quittent le Québec ; en dix ans, de 1971 à 1981, la commission scolaire protestante de Montréal a fermé 37 de ses 100 écoles...

Le troisième (et dernier) des petits partis de « droite », le *Libertarian Party* (Parti libertarien), est également un parti d'anglophones dont les 10 candidats ont obtenu 3,170 votes, dont 3,037 dans neuf circonscriptions de l'ouest de Montréal, le concurrent de Deux-Montagnes, l'ingénieur Chris Dunn, ayant enregistré la moins bonne performance de l'équipe, avec 133 voix.

Il ne fait pas de doute, au terme du décompte, le 13 avril, que les tiers partis auront du mal à se remettre de la rebuffade administrée par la masse des électeurs.

Le Parti québécois et le
Parti libéral face à face

Les deux grandes formations politiques québécoises se retrouvent donc seules sur le terrain politique à l'issue du scrutin du 13 avril. Personne ne menace de les déloger à court terme et toutes deux apparemment sont dans une position de force puisque trois points seulement les séparent l'une de l'autre. Toutefois le vainqueur se retrouve dans une position dominante face au vaincu qui doit prendre au moins le temps de se relever de sa défaite.

Le Parti québécois est désormais solidement implanté à travers tout le Québec francophone où il détient une bonne avance sur le Parti libéral.

La répartition des sièges à l'Assemblée nationale met par ailleurs en lumière certaines faiblesses du Parti libéral qui paraissent plus significatives que ses problèmes internes. Ainsi les circonscriptions francophones représentées par un député libéral sont-elles généralement des circonscriptions bourgeoises (comme Jean-Talon) ou encore des circonscriptions caractérisées par un électorat âgé et peu scolarisé. Au total, il s'agit généralement de circonscriptions où le conservatisme domine. Dans les autres cas, on note une forte présence de la communauté anglophone très majoritairement acquise au Parti libéral, comme dans la plupart des circonscriptions de l'ouest de l'île de Montréal.

Les résultats du scrutin, transposés sur une carte géographique, laissent en effet conclure que le clivage linguistique est davantage accusé que jadis, du fait de la faiblesse des libéraux dans l'électorat de langue française. Les cartes présentées en annexe, pages 226 à 229, montrent que les circonscriptions libérales sont concentrées à la frontière de l'Ontario, des États-Unis et du Nouveau-Brunswick et dans les quartiers de l'agglomération montréalaise où vivent de nombreux électeurs de langue anglaise. Tout le reste du Québec est dominé par le Parti québécois, exception faite de Berthier, Maskinongé, Portneuf, Jean-Talon et Charlevoix.

Mais le clivage linguistique n'est pas aussi dramatique qu'il n'y paraît à prime abord.

La division linguistique
de l'électorat québécois

Les sondages réalisés au cours de la campagne électorale de 1981 révèlent en effet que près de 15 pour cent des non-francophones interrogés avaient l'intention d'appuyer le Parti québécois. Selon les données publiées par *Le Soleil* et *The Gazette* le 11 avril, 12 pour cent des répondants de langue anglaise se déclaraient par ailleurs favorables à la souveraineté du Québec dans le cadre d'une association économique entre le Québec et le reste du Canada.

Dans la mesure où ces données sont aussi fiables que celles que publiaient *Le Devoir*, *Le Soleil* et *The Toronto Star* le 17 mai 1980, force est de constater l'importance des changements d'attitudes et de comportements enregistrés chez les électeurs de langue anglaise au Québec. En mai 1980 en effet, seulement 2 pour cent des interviewés de langue anglaise répondaient le Parti québécois à la question classique : « S'il y avait des élections au Québec aujourd'hui, pour quel parti voteriez-vous ou seriez-vous tenté de voter ? » De même, seulement deux pour cent des répondants d'origine ethnique britannique annonçaient, à l'époque, leur intention de voter « oui » au référendum, contre 10 pour cent chez les répondants d'une origine éthnique autre que française ou que britannique.

En novembre 1976, les sondeurs avaient situé entre 5 et 10 pour cent la proportion des non-francophones ayant opté pour le Parti québécois.

Les électeurs de langue anglaise du Québec ont peine à s'identifier au Parti québécois, car son programme et ses messages proposent l'accession du Québec à la souveraineté, la promotion du français comme langue officielle, langue du travail, langue des communications, et enfin l'adoption de mesures égalitaristes dont, collectivement, la communauté des Québécois de langue anglaise, relativement plus riche, ferait les frais.

Certains anglophones optent néanmoins pour le Parti québécois et vont même jusquà souscrire à son idéal de souveraineté et de francisation, car ils estiment justes les revendications des dirigeants du Parti québécois et correcte leur analyse. Ces sympathisants anglophones du Parti québécois sont des électeurs qui, en politique, préconisent, comme le Parti québécois, une réduction active des inégalités, l'abolition des discriminations, l'autonomie des petites communautés. Ces anglophones, en général, paraissent proches, quant aux idées politiques, des sympathisants du Nouveau Parti démocratique des provinces de l'ouest du Canada. Ils semblent provenir, dans l'ensemble, de catégories socio-professionnelles comparables à celles auxquelles se rattachent en majorité les militants du Parti québécois.

Mais ces anglophones, favorables au Parti québécois, constituent tout de même une minorité encore trop faible pour que soit discréditée, dans l'opinion, l'image d'un bloc « anglo-québécois » acquis d'avance au Parti libéral. Les impressions laissées par les élections de 1973 et par le référendum de 1980 subsistent, en dépit de ce que, en 1976, le Parti libéral n'a obtenu l'appui que de la moitié des électeurs de langue anglaise.

Le fait demeure néanmoins que les électeurs de langue anglaise, dans l'ensemble en 1981, appuient le Parti libéral. Cet appui a un impact important sur les résultats du scrutin. En effet 28 des 42 victoires locales du Parti libéral, le 13 avril, sont remportées dans des circonscriptions dans lesquelles, selon les données du recensement partiel de 1976, les personnes de langue maternelle française représentent *moins* de 75 pour cent de la population. Il y a 31 circonscriptions sur 122 au Québec dont la population de langue maternelle française est inférieure à 75 pour cent de l'ensemble. Toutes ces circonscriptions, sauf trois (Chambly, Châteauguay et Mercier), sont représentées, à compter du 13 avril 1981, par le Parti libéral.

Les trois exceptions, sur les 31 circonscriptions, ne sont pas de véritables exceptions. Dans la circonscription montréalaise de Mercier, deux tiers des résidents sont de langue maternelle française et un quart, de langues maternelles autres que le français et l'anglais. Par ailleurs, les circonscriptions de Chambly et de Châteauguay, sises sur la rive sud du Saint-Laurent à proximité de Montréal, connaissent une croissance élevée. Dans le périmètre délimité par les frontières de ces deux circonscriptions en 1981, la croissance des cinq dernières années a été de près de 20 pour cent, c'est-à-dire un taux trois fois plus élevé que celui de l'ensemble du Québec (ou en ce qui concerne la seule population adulte, deux fois plus élevé). Il est possible que le recensement de 1981 révèle d'importants changements dans la composition linguistique de ces deux circonscriptions, annulant ainsi l'impression actuelle qu'elles constituent des exceptions.

Les facteurs régionaux
dans la distribution du vote

Les quatorze victoires locales du Parti libéral dans des circonscriptions où les francophones constituent les trois-quarts de la population sont plutôt dispersées sur le territoire. Il s'agit d'Argenteuil (où les francophones ne sont que 77 ou 78 pour cent de la population, selon nos calculs), Beauce-Sud, Berthier, Bonaventure, Chapleau, Charlevoix, Hull, Jean-Talon, Maskinongé, Mégantic-Compton, Orford, Papineau, Portneuf et Richmond. Dans quatre de ces circonscriptions l'avance de l'élu du Parti libéral, sur son adversaire du Parti québécois, est de moins de 500 voix ; c'est le cas de Beauce-Sud, Hull, Maskinongé et Richmond. Dans un autre cas (Berthier), le candidat libéral a été élu avec 37 pour cent des voix. Il faut noter par ailleurs que Bonaventure touche le Nouveau-Brunswick dont il est grandement tributaire au plan de l'information, que Beauce-Sud, Mégantic-Compton et Orford sont à la frontière des États-Unis, et que Chapleau, Argenteuil, Papineau et Hull, à la frontière de l'Ontario. Il faut noter, enfin, que Chapleau compte près de 15 pour cent d'électeurs anglophones, de même que Hull et Papineau, Orford en comptant environ 20 pour cent.

La proximité des frontières et la présence d'une minorité significative d'électeurs de langue anglaise constituent des caractéristiques des circonscriptions comptant plus de 75 pour cent de francophones qui ont été ravies par le Parti libéral, exception faite de Berthier, Maskinongé, Portneuf, Jean-Talon, Charlevoix, et Richmond. Trois de ces six exceptions sont constituées par des cas où la force de l'Union nationale paraît avoir joué en faveur des libéraux (Berthier, Maskinongé et Richmond).

L'opposition des générations

La population des circonscriptions « francophones » qui ont élu des libéraux compte parmi les plus âgées du Québec. Ainsi, dans Jean-Talon, sur quelque 39,000 électeurs, on trouverait, selon nos informations, quelque 9,000 femmes et 5,000 hommes âgés de 55 ans et plus, c'est dire que, dans Jean-Talon, 35 pour cent des électeurs sont nés *avant* 1925. Dans Portneuf, 26 pour cent des électeurs sont nés avant 1925 ; dans Charlevoix, 24 pour cent. Dans Charlesbourg, où un péquiste a été élu, il n'y même pas 15 pour cent des électeurs dans ces catégories d'âge « plus avancé ». Dans Saguenay, de l'autre côté de Charlevoix, les personnes de 55 ans et plus ne constituent que 12 pour cent de l'électorat, et Saguenay a élu le péquiste, Lucien Lessard.

Les exemples pourraient être multipliés. Le point, c'est que plus l'électorat d'une circonscription « francophone » est « âgé », plus le vote libéral tend à y être important. Les circonscriptions les plus âgées, présentant par ailleurs quelques caractéristiques complémentaires (isolement relatif, proximité de la frontière, présence importance de propriétaires fonciers), ont finalement élu le candidat libéral.

L'examen des caractéristiques démographiques ou économiques des circonscriptions, selon qu'elles ont voté plus ou moins en faveur des candidats libéraux, confirme, en quelque sorte, une information qui était déjà disponible avant le scrutin et qui avait été fournie par les sondages. Cette information, c'est que, toutes choses étant égales par ailleurs, parmi les personnes nées avant 1925, les deux-tiers votent libéral, et que, parmi les personnes nées après 1940, les deux-tiers appuient le Parti québécois.

Chez les francophones nés après 1945, 75 pour cent appuient le Parti québécois.

Le Parti libéral semble en train de devenir le parti des générations vieillissantes, au Québec français. En outre, plus du tiers de ses électeurs sont anglophones. Et cela, c'est sans doute plus grave que les problèmes d'image que le chef libéral peut avoir.

En somme parmi les quelque 1,660,000 personnes qui ont appuyé un candidat libéral le 13 avril 1981, on peut estimer à quelque 600,000 le nombre des anglophones et à quelque 500,000 le nombre des francophones nés avant 1925.

Quant aux 500,000 ou 600,000 électeurs libéraux francophones nés *après* 1925, on peut estimer, à partir des sondages, qu'ils ont tendance à se trouver, davantage que la moyenne, dans les catégories extrêmes de la distribution des revenus, c'est-à-dire à la fois chez les plus démunis et les plus riches, et non pas tellement dans les catégories intermédiaires.

En 1981, les caractères de l'électorat libéral paraissent s'accentuer par rapport aux scrutins précédents. Ceux de l'électorat du Parti québécois s'atténuent au contraire. Il s'agit là, peut-être, de la donnée fondamentale du verdict du 13 avril 1981.

Après le 13 avril 1981 : conclusions

Après le 13 avril 1981 :
conclusions

Au soir du scrutin de 1981, le Parti libéral paraît donc, davantage qu'en 1976 ou 1973, le parti des anglophones et des personnes plus âgées, alors que, poursuivant son expansion, gagnant quelques voix dans la communauté non-francophone, vieillissant lui-même avec le passage des ans, le Parti québécois devient davantage représentatif de l'ensemble qu'il ne l'était antérieurement.

La disparition d'électeurs de 1976 et l'arrivée à l'âge adulte de personnes nées après 1960 ont contribué à l'évolution enregistrée dans la composition des électorats libéraux et péquistes entre 1976 et 1981. Déjà, entre 1970 et 1976, une bonne part de la croissance de l'électorat du Parti québécois avait paru découler de la lente transformation de la population du Québec, opérée par les mouvements migratoires (de nombreux anglophones quittant chaque année le Québec, dit-on), et par le remplacement des cohortes d'électeurs plus âgés, qui font place aux cohortes de leurs petits enfants.

Le Parti québécois, on l'a vu, obtient, depuis sa première campagne électorale, un appui très important chez les jeunes. De plus, ceux qui ont déjà appuyé le Parti québécois continuent de le faire par la suite, dans l'ensemble. Ainsi, d'année en année, dans la mesure où la fidélité au Parti québécois reste élevée, on voit augmenter, de deux points de pourcentage en moyenne, la part que représentent les électeurs péquistes dans l'ensemble.

La poussée démographique du Parti québécois

Du point de vue des caractéristiques extérieures des électeurs, la croissance de l'électorat du Parti québécois, depuis sa naissance, paraît ainsi découler de l'augmentation de la part occupée dans la population adulte par les électeurs nés, disons, après 1939 (début de la deuxième guerre mondiale). Chez les électeurs nés entre 1935 et 1939, le Parti québécois n'a pas la majorité, mais il a cette majorité chez les électeurs nés entre 1940 et 1944. L'examen des résultats de plusieurs sondages réalisés au cours des années 1970 confirme la présence d'une ligne de démarcation entre les générations d'avant 1940 et celles d'après. Les comportements électoraux des personnes nées juste avant 1940 sont déjà très différents des comportements électoraux des Québécois nés au cours de la deuxième grande guerre.

Il est raisonnable de penser que la tendance affichée par les électeurs de moins de 40 ans, en faveur du Parti québécois, traduit les particularités de leurs années de formation, qui ont été bien différentes de celles qui ont marqué les électeurs plus âgés. Les électeurs plus âgés, à qui l'on parle de politique, font des références à la « crise économique », à la « guerre », parfois même aux « camps de concentration », ou encore ils ponctuent leurs discours de réminiscences déjà lointaines (« dans mon temps », disent-ils). Les électeurs plus jeunes, eux, n'ont connu ni véritable crise économique ni véritable guerre : leurs références sont celles d'années de prospérité, d'années de paix, d'années d'ouverture sur le monde (la radio, la télévision, les voyages en avion...). Les électeurs plus jeunes ont, de plus, été astreints à une fréquentation plus massive et plus longue du système scolaire et, collectivement, ils se distinguent de leurs aînés par un niveau de formation scolaire moyen plus « élevé ». Ce sont finalement des catégories d'expériences bien distinctes qui démarquent les générations occidentales, celles du Québec n'était pas tellement particularisées à cet égard.

Cependant, en raison des conditions propres à la communauté de langue française du Québec, les choix électoraux de chacune des deux grandes générations que départagent les années 1939-1940 ont été polarisés, positivement ou négativement, en fonction du Parti québécois, car celui-ci, davantage que ses concurrents, épouse les valeurs nouvelles, y compris celles de l'émancipacipation nationale et de l'intervention gouvernementale active en faveur de l'égalité.

L'appui massif des électeurs nés après 1939-1940, dont bénéficiait le Parti québécois en 1970, puis en 1973, permettait déjà, bien avant 1976, de « prédire » une croissance importante de ses appuis électoraux. Après le scrutin de 1976, il était déjà possible d'annoncer que, vers 1981, le Parti québécois aurait la majorité, à moins que le Parti libéral ne réussisse à contrecarrer le sens de l'évolution, en portant son action sur les jeunes.

Un échec : la stratégie des libéraux à l'égard des jeunes

Ronald Poupart, organisateur-en-chef du Parti libéral, devenu conscient de la validité des « prédictions démographiques », a immédiatement cherché, en 1977, à convaincre son état-major de l'urgence d'ouvrir la porte aux jeunes, de les attirer par un programme renouvellé dans le sens des valeurs qu'ils épousent. Les efforts de militants jeunes, dits de la « vieille gang », menèrent au colloque des jeunes libéraux les 19, 20 et 21 août 1977 à Granby, puis à l'adoption du manifeste *Le Québec des libertés*, en novembre 1977.

Par ailleurs, pour faciliter cette percée du côté des jeunes, l'état-major du Parti libéral de 1977, à la fin de l'été et au début de l'automne, mit au point une formule spéciale pour assurer une présence massive des « moins de 25 ans » au congrès pour le choix d'un chef, alors prévu pour le printemps de 1978. Cette formule prévoyait 24 délégués pour chacune des 110 associations (de district électoral) répartis de la façon suivante : 12 femmes, dont 4 âgées de moins de 25 ans, et 12 hommes, dont 4 âgés de moins de 25 ans. Autrement dit, même si les jeunes de 18 à 25 ans ne constituent même pas un cinquième de l'électorat du Québec, le tiers des délégués au congrès libéral de 1978 proviendrait de cette catégorie d'âge. Sur-représentés de ce premier point de vue, les jeunes l'étaient encore davantage du point de vue du parti lui-même puisque, à l'époque, parmi les membres en règle du parti, il n'y avait même pas 10 pour cent de jeunes.

Dans la perspective de l'état-major du Parti libéral de 1977, cette stratégie, orientée en fonction des jeunes, devait être consacrée par le recrutement d'un candidat, à la direction du parti, qui aurait lui-même « percé » chez les jeunes.

Or cette stratégie, élaborée par l'état-major, a échoué même si la présence des jeunes fut maintenue au congrès. Elle a échoué parce que, de fait, le Parti Libéral était dominé par des personnes dont les valeurs n'étaient justement pas celles des jeunes générations et dont les intérêts ont prévalu. C'est ainsi que la fin de l'automne de 1977 a connu un « grenouillage » de premier grandeur chez ceux que l'on peut appeler « les dirigeants » du Parti libéral, c'est-à-dire les députés et surtout les anciens ministres, des amis influents, des organisateurs locaux... Ce « grenouillage » visait, d'une part, le choix d'un candidat conforme aux options des dirigeants (et pas nécessairement à celles de l'état-major) et, d'autre part, l'émission de cartes de membres à des « jeunes gens de bonne famille ».

À l'idée de « percer » chez les jeunes, les dirigeants libéraux ont opposé, avec succès, l'idée de recouvrer le vote libéral traditionnel que l'Union nationale avait ravi en 1976 et de recouvrer les électeurs « fédéralistes » du Parti québécois. Cette nouvelle idée, en plus de refléter les intérêts des dirigeants qui la soutenaient, avait un attrait particulier, du fait que, mathématiquement, en 1976, le Parti libéral aurait gardé le pouvoir s'il avait gardé l'appui de tous ceux qui avaient voté libéral en 1973.

Les dirigeants libéraux, acquis à cette nouvelle idée, la défendaient avec d'autant plus de conviction que la validité des « projections démographiques », à la base de la stratégie visant les jeunes, était contestée par de nombreux spécialistes des sciences sociales. L'argument utilisé pour contester les « projections démographiques », c'est qu'un électeur normal, en vieillissant, évolue rapidement vers des positions plus conservatrices en raison du statut social auquel il accède et en raison des intérêts ou obligations économiques qu'il accumule. Autrement dit, le Parti québécois devrait perdre, selon cette logique, les appuis qu'il a obtenus, au fur et à mesure que ses anciens électeurs auront mûri. Mais il y a plus : les options même du Parti québécois sont en retard sur les valeurs qui émergent dorénavant et il va, toujours selon le même raisonnement, perdre des appuis sur « sa gauche », tout autant que sur « sa droite ».

Finalement, le 15 avril 1978, les délégués libéraux ont choisi Claude Ryan qui, mieux que Raymond Garneau, pouvait permettre au parti de recouvrer les appuis de 1973 que lui avait ravis l'Union nationale en 1976. L'organisateur-en-chef, Ronald Poupart, a été remplacé par le responsable des relations avec les districts électoraux de l'ouest du Québec, Pierre Bibeau ; la secrétaire exécutive du comité de Claude Ryan, Lina Allard, a été chargée de coordonner les travaux relatifs au programme, et, plus tard, Yvan Allaire est devenu président de la Commission politique du parti...

La nouvelle équipe voulait bien poursuivre l'offensive libérale auprès des jeunes, mais il devenait difficile de le faire de façon crédible dès que l'on cherchait, simultanément, à courtiser les anglophones et les personnes âgées.

Il devint bientôt évident que le Parti libéral ne « percerait » pas chez les jeunes, en dépit des efforts de jeunes militants brillants, tel l'organisateur-en-chef, Pierre Bibeau.

L'examen des événements, proposé dans ce petit livre, montre clairement la relation de cause à effet qu'il faut établir entre la stratégie libérale de « recouvrer » les appuis perdus et l'aggravation de ses caractères les plus dommageables sur le plan électoral (à savoir la concentration de ses appuis dans deux catégories électorales en *décroissance,* les anglophones et les personnes nées avant 1940).

Le caractère artificiel du succès de l'option
libérale au référendum

Paradoxalement cette aggravation des caractéristiques de l'électorat libéral, déjà présente au référendum du 20 mai 1980, était alors passée inaperçue, car l'ampleur de l'écart entre les deux camps a masqué plusieurs détails importants.

Pour illustrer ce paradoxe, on peut prendre la circonscription de Westmount comme exemple. Westmount n'est pas une circonscription typique, bien au contraire, mais c'est justement à cause de ses particularités que son exemple est significatif. Parmi les quelque 37,000 électeurs inscrits dans la circonscription de Westmount, on trouve en effet 75 pour cent d'anglophones et 36 pour cent de personnes nées avant 1925, selon les données disponibles. Le candidat libéral dans Westmount a obtenu en 1981, 80 pour cent des suffrages exprimés, et son prédécesseur en avait obtenu 77 pour cent en 1973. Dans cette circonscription, dont les frontières n'ont pas été modifiées depuis 1973, 28,233 électeurs avaient voté en 1973 (dont 3,602 pour le Parti québécois), 29,531 avaient voté en 1976 (dont 3,483 pour le Parti québécois), 33,692 avaient voté en 1980 (dont 4,374 pour le « oui »), et 28,576 ont voté le 13 avril 1981 (dont 4,772 pour le Parti québécois).

Les statistiques électorales de Westmount révèlent d'abord la croissance régulière des appuis au Parti québécois et à son option constitutionnelle, *y compris au référendum*. Elles révèlent ensuite que, par rapport aux élections antérieures (et, on le sait maintenant, par rapport au scrutin de 1981), les libéraux ont fait « sortir » pour voter « non » au référendum, 28,809 personnes, c'est à dire quelque 6,000 en plus des 22,000 ou 23,000 qui habituellement ne votent pas en faveur du Parti québécois.

Ce cas, Westmount, est-il exceptionnel ? Non ! Il est exemplaire. En effet, dans l'ensemble des dix circonscriptions contiguës qui forment ce qu'on appelle le *West Island** à Montréal, le taux de participation électorale a été de 88 pour cent au référendum (347,086 votants sur 391,230) par rapport à 82 pour cent en 1981 (307,571 sur 375,929) ou à 85 pour cent en 1976 (302,781 sur 356,719). Dans ces circonscriptions du *West Island,* le Parti québécois a obtenu 55,481 votes en 1976, son option en a obtenu 57,673 en 1980, et ses candidats de 1981, 63,753. Le camp des « non » ayant eu 285,000 votes, c'est donc près de 50,000 personnes supplémentaires que le Parti libéral a fait « sortir » le 20 mai 1980, par rapport aux 235,000 qui, habituellement, ne votent pas pour le Parti québécois, dans ce secteur du Québec où moins *du tiers* de la population est francophone.

Et pour continuer avec la série de détails qui ont échappé à l'attention, on peut noter qu'en 1980, dans le *West Island,* il y a eu près de 400,000 personnes d'inscrites sur les listes électorales alors qu'il n'y en avait que 357,000 en 1976, et qu'il n'y en a plus que 376,000 en 1981. On peut estimer à 20,000 le nombre d'inscrits inhabituels dans ces circonscriptions du *West Island* en 1980 : un excédent « provisoire » (et sans doute providentiel) de l'ordre de 5 pour cent des inscrits, qui ne s'est produit nulle part ailleurs au Québec, hormis dans

---

*   Dans la carte électorale de 1973, 1976 et 1980, il s'agit de D'Arcy-McGee, Jacques-Cartier, Marguerite-Bourgeoys, Mont-Royal, Notre-Dame-de-Grâce, Pointe-Claire, Robert-Baldwin et Saint-Laurent. Les frontières de ces circonscriptions recoupent parfaitement, sauf pour 1,000 électeurs dans Notre-Dame-de-Grâce (provenant de Saint-Henri) et 7,000 électeurs de Marguerite-Bourgeoys (passés à Verdun), les frontières des circonscriptions du même nom de 1981, Pointe-Claire ayant fait place à Nelligan et Marquette.

certains secteurs dominés par les électeurs de langue anglaise*.

Un dernier détail mérite, enfin, d'être signalé : dans les circonscriptions acquises au Parti québécois (Chicoutimi est un cas exemplaire à cet égard, comme Westmount peut l'être, à l'inverse), la participation électorale, au référendum, a été inférieure à celle de 1976 (dans Chicoutimi, 85 pour cent en 1980, par rapport à 90 pour cent en 1976), et elle continue à décroître en 1981 (80 pour cent, dans Chicoutimi en 1981). L'examen des taux de participation au référendum révélait, c'est le point à souligner ici, que le Parti québécois était loin d'avoir fait le plein de ses appuis habituels.

Dans la mesure où les sondages d'avril et mai 1980 confirmaient par ailleurs que ceux qui avaient appuyé le Parti québécois en 1976 ne votaient tout de même pas « non » au référendum, la conclusion s'imposait donc, dès le 20 mai 1980 : l'option du Parti libéral l'emportait, non pas en ayant converti des électeurs habituels du Parti québécois, mais simplement grâce au vote extraordinairement massif des électeurs anglophones et des électeurs les plus âgés, dont les taux de participation, pour une première fois dans l'histoire du Québec, avaient manifestement battu les records enregistrés déjà par les catégories sociales les plus actives et les plus impliquées socialement.

Cette participation exceptionnelle, voire même artificielle, des personnes âgées et des anglophones, lors du référendum, a été bien perçue par les scrutateurs et secrétaires des bureaux de vote. Ceux-ci rentraient chez

---

* Ainsi L'Acadie, dont les frontières n'ont pas été modifiées en 1981, compte 800 électeurs de moins en 1981 qu'en 1980. Laurier, dont les frontières sont également inchangées, comptent 1,300 électeurs de moins en 1981 qu'en 1980.

eux le soir du 20 mai 1980 en s'exclamant : « de toute ma vie, je n'ai vu autant de vieillards voter, sans parler des anglophones, qui se sont tous présentés ! » C'était voulu par les organisateurs libéraux. Mais les quelques centaines de milliers de votes supplémentaires, assurant l'option libérale d'une avance confortable, ne signifiaient pas pour autant que cette avance était définitive.

Pour assurer ainsi une participation, à ce point massive, de tous les appuis électoraux qu'il peut espérer mobiliser, compte tenu des grandes tendances de l'opinion, un parti doit mettre en œuvre tous les moyens dont il peut disposer. Il est incontestable que le Parti libéral, puissamment appuyé par tous les partis fédéraux et par le gouvernement fédéral, a mené une campagne référendaire irrésistible.

En revanche, en 1981, seul dans la lutte contre le Parti québécois, le même Parti libéral a éprouvé d'importantes difficultés. Selon notre analyse * toutefois, même en menant une campagne brillante, il ne pouvait guère espérer distancer le Parti québécois, au printemps 1981, par plus de 5 ou 6 points. En outre, même en obtenant aux élections de 1981, une majorité absolue des voix, le Parti libéral était voué à la défaite quant au nombre de sièges, en raison justement de l'excessive concentration de ses appuis électoraux chez des catégories d'électeurs elles-mêmes concentrées territorialement.

Les distorsions dans la représentation parlementaire

Le mode de scrutin traditionnel, très simple, qui est appliqué au Québec mène, dans le partage des sièges, à

* Voir les textes déjà cités, page 94, parus dans *Le Devoir* du 6 avril 1981 et *Presse-libre* de mars 1981.

des distorsions comparables à celles qu'il entraîne ailleurs, là où il est utilisé. Le parti dont les voix sont les « mieux » réparties sur le territoire, compte tenu de sa force relative, obtient une sur-représentation parlementaire.

Revenant sur des prises de position antérieures, les dirigeants du Parti libéral ont fait adopter une recommandation, par le Conseil général le 14 mars 1981, suivant laquelle « un gouvernement du Parti libéral du Québec s'engage à modifier le mode de scrutin aux élections générales de façon à ce que le nombre de députés élus à l'Assemblée nationale en provenance des différents partis politiques reflète davantage la proportion du suffrage exprimée en faveur de chaque parti » (page 30 de *La société libérale de demain*).

Les rédacteurs de cette recommandation n'imaginaient peut-être pas qu'elle paraîtrait un jour si opportune, aux yeux des libéraux de la base !

Le scrutin de 1981 pose à nouveau, comme chacun des scrutins des quinze dernières années, le problème de la réforme du mécanisme électoral.

Le Parti québécois, dont le programme de 1976 comportait « l'engagement » de reformer le mode de scrutin, n'a pu mener à terme le projet de réforme effectivement *engagé*, conformément au programme, dès 1977. Ayant suscité une opposition assez générale, le projet, parrainé par Robert Burns, fut relegué aux oubliettes pour de simples intérêts électoraux.

L'une des questions posées, quant à l'avenir, le soir du 13 avril, concerne la possibilité d'une réforme du mode de scrutin. Deux options paraissent réalistes : la première est celle-là même qui apparaissait dans le programme du Parti québécois en 1976 (c'est-à-dire l'ajout d'une

Le 16 mars, Claude Ryan s'embarque pour une campagne intensive de quatre semaines. Convaincu que la victoire lui appartient, il affiche un air confiant. (Photo UPC).

René Lévesque compte peu de recrues nouvelles dans son équipe. Rodrigue Biron, l'ancien chef unioniste, a joint les rangs l'automne précédant et le premier ministre va l'encourager dans sa circonscription de Lotbinière dès le début de la campagne. (Photo CP).

Le Parti libéral connaîtra sa seule grande assemblée à Montréal, au Centre Paul-Sauvé, le 8 avril. Près de 10,000 partisans libéraux viennent encourager leur chef, Claude Ryan, qui apprécie d'être adulé par la foule. (Photo CP).

La deuxième semaine de la campagne électorale marque un tournant pour le Parti québécois qui sent le vent de la victoire s'élever alors que partout sur son passage René Lévesque est acclamé par des foules nombreuses. Le 26 mars, près de 3,000 personnes accordent un accueil enthousiaste au premier ministre et à son épouse, Corinne Côté-Lévesque. (Photo UPC).

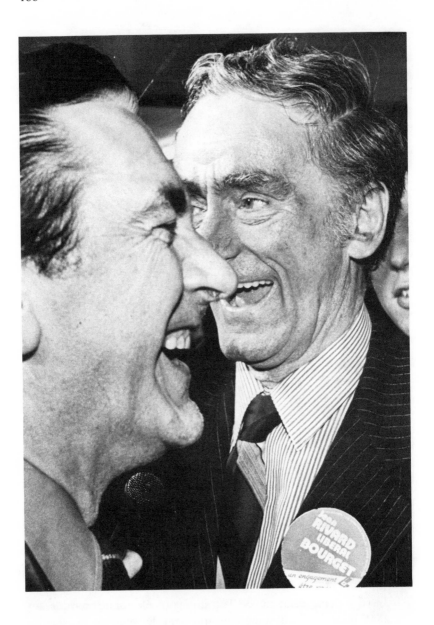

Les hasards de la campagne amènent deux vieux amis, dont les routes ont divergé depuis quelques années, à se croiser à nouveau alors que Claude Ryan visite la circonscription de Bourget où Camille Laurin tente de se faire réélire. (Photo CP).

Le 2 avril, des milliers de partisans s'entassent au Centre
Claude-Robillard, à Montréal, pour une assemblée haute en
couleurs. Pour René Lévesque, la campagne péquiste a atteint ce
soir-là son point culminant. (Photo CP).

Roch LaSalle accueille la défaite de l'Union nationale le 13 avril avec calme. De sa circonscription de Berthier, il commentera l'échec de son parti. (Photo CP).

Claude Ryan a entrepris en fin de campagne d'adoucir sa personnalité en changeant ses verres. Il était cependant trop tard. Devant 300 partisans il concède avec dignité la victoire au Parti québécois. (Photo CP).

Au Centre Paul-Sauvé où se sont réunis près de 10,000 partisans péquistes pour célébrer la victoire, la joie se lit sur toutes les figures. (Photo UPC).

René Lévesque et Jacques Parizeau saluent leurs partisans avant de quitter le Centre Paul-Sauvé avec un sourire qui en dit long quant à leur satisfaction. (Photo CP).

catégorie de députés, qui, au lieu d'être les représentants des circonscriptions territoriales, seraient ceux de l'ensemble des électeurs des partis reconnus) ; l'autre option consisterait à regrouper les actuelles circonscriptions au sein de régions ayant quatre ou cinq députés, repartis entre les formations politiques en proportion de leurs votes.

La deuxième de ces formules, la représentation proportionnelle « régionale », a l'avantage d'être moins onéreuse (le nombre des députés restant ce qu'il est, ou à peu près). Elle peut également être introduite d'abord de façon expérimentale dans une partie limitée du territoire, par exemple à Montréal. On pourrait, lors des prochaines élections, tester la pertinence d'une représentation proportionnelle en l'expérimentant à Montréal seulement, le reste du Québec conservant le système actuel.

Si l'on introduisait la représentation proportionnelle au Québec, l'avenir des petits partis paraîtrait moins désespéré.

C'est, en effet, l'une des principales conclusions du scrutin du 13 avril 1981 : le mode de scrutin actuel est sans pitié pour les tiers partis.

Si l'Union nationale pouvait compter sur une proportion des sièges comparable à la proportion des voix qu'elle a remportées, elle ne serait pas balayée de la carte ainsi. N'est-ce pas pour « voter utilement » que sa clientèle électorale traditionnelle a entrepris de se partager entre libéraux et péquistes, les conservateurs allant chez les premiers et les autonomistes chez les seconds ? Si bien que cette formation semble vouée à la disparition à brève échéance à moins d'un changement du mode de scrutin. Pour le moment, ses dirigeants peuvent espérer en une conjoncture favorable qui pourrait lui donner un dernier sursaut de vie, mais l'évolution démographique de son électorat, qui est généralement âgé, rend la chose improbable. L'électorat anglophone, que l'Union nationale n'a pas courtisé depuis 1977, ne lui reviendra sans doute pas.

De la disparition du parti fondé par Maurice Dupplessis en 1936 pourrait résulter un réalignement des forces politiques sur l'échiquier québécois. Le retour au bipartisme pourrait être favorable à l'apparition d'un nouveau tiers parti qui en l'occurence serait à gauche des deux grands qui, sur le plan économique et social, ont glissé vers la droite depuis 1976. Déjà la création d'une formation politique de gauche crédible a été envisagée par quelques anciens syndicalistes et intellectuels (Marcel Pépin, Raymond Laliberté, Jacques Dofny).

Des expériences limitées, celle du Front d'action politique (FRAP) en 1970 et celle du Rassemblement des citoyens de Montréal (R.C.M.), ont déjà montré les possibilités d'implantation d'un mouvement socialiste. Les chances d'un tel mouvement seraient accrues dans un régime de représentation proportionnelle.

Le Parti libéral : le grand perdant

Plus que l'Union nationale qui avait espéré, sans raison, obtenir la « balance du pouvoir », le Parti libéral est celui qui a le plus perdu au scrutin du 13 avril d'autant plus que ce parti avait commencé la campagne électorale comme un parti qui était déjà au pouvoir.

Contrairement à d'autres élections où seuls les faits et gestes du gouvernement sortant sont en cause, l'électorat cette fois choisissait, selon les termes mêmes de Claude Ryan, entre deux conceptions de la société québécoise (fédéralisme vs indépendantisme, entreprise privée vs interventionisme étatique, libertés personnelles vs libertés collectives) défendues par deux partis, incarnées par deux équipes et deux programmes.

La défaite des libéraux apparaît ainsi davantage que l'échec du parti ; c'est un projet de société qui paraît avoir été rejeté... à moins que ce ne soit l'absence de projet véritable qui ait été condamnée.

Les stratèges et les organisateurs du Parti libéral ont de toute évidence commis, pour en arriver à cette défaite, des erreurs graves, aussi graves que celles du Parti québécois en 1973 qui s'était laissé aller à présenter son « budget de l'An I ». Cette fois après avoir dénoncé pendant des mois la mauvaise gestion par le gouvernement péquiste des finances publiques, qui sont au bord de la faillite, on est tombé dans le piège de promesses électorales, mettant ainsi en cause la sagesse administrative d'un futur gouvernement libéral. L'absence de stratégie de communications et le refus obstiné de Claude Ryan à modifier son image austère ont été aussi relevés. Plus grave encore fut cependant la chance donnée au gouvernement, dès le lendemain du référendum, en n'exigeant pas sa démission immédiate, de même que l'incapacité des dirigeants libéraux à percevoir le retournement de l'opinion publique que de leur côté les dirigeants péquistes avaient perçu.

Informé à temps de l'état d'esprit des électeurs québécois, le Parti libéral aurait pu corriger son tir en cours de route s'il avait réalisé que sa clientèle électorale se résumait de plus en plus aux citoyens âgés de plus de 40 ans, aux citoyens issus de la petite et de la grande bourgeoisie et aux citoyens non-francophones. Il aurait pu, même sans modifier son programme, mettre l'accent sur les parties qui étaient le plus susceptibles de l'aider à rejoindre les jeunes, les travailleurs, les classes moyennes et les francophones en général.

Les facteurs « démographiques » dont nous avons fait l'analyse et les « erreurs » n'expliquent pas tout. Il y a eu le « coup de pouce » donné à René Lévesque par Pierre Trudeau avec son projet de rapatriement de la constitution auquel Claude Ryan ne pouvait s'opposer trop activement, prisonnier de son ex-allié référendaire et de ses propres militants déchirés entre leur fidélité à leur chef et leur admiration pour le premier ministre fédéral. Comme l'a montré l'analyse socio-politique des résultats du scrutin, les problèmes structurels rencontrés par le Parti libéral étaient aussi beaucoup plus profonds qu'on ne pouvait l'imaginer. Dès le lendemain de l'élection, plusieurs commentateurs notaient avec raison que, dans les circonstances, peu importe le chef, les stratégies ou les erreurs de parcours, le résultat du scrutin pouvait difficilement être différent.

Dans la structure même du Parti libéral, le chef ne peut faire autrement que porter la plus grande part de responsabilité puisque bon nombre de décisions relèvent de lui seul. Cela est vrai pour Claude Ryan, plus que pour tout autre, puisqu'il n'a pas rempli le rôle de sauveur qu'on lui avait attribué en allant le chercher au quotidien *Le Devoir,* titre que la série de victoires des élections partielles et du référendum semblaient lui mériter pourtant. C'est tout naturellement aussi que plusieurs militants libéraux se tournent vers lui au moment de chercher un bouc émissaire puisque de nombreuses questions défendues par le Parti libéral et qui ont contribué ternir son image (par exemple la question linguistique) constituaient des questions de principe sur lesquelles Claude Ryan ne voulait pas reculer.

Le départ de Claude Ryan, que certains militants souhaitent suivant un vieux réflexe qui veut qu'en changeant la tête on guérisse tout le corps, ne règlera pas pour autant les principaux maux dont souffre ce parti. Plus que d'un nouveau chef, c'est de nouvelles stratégies de communications, de techniques électorales plus modernes dont le Parti libéral semble avoir besoin, tout comme d'un nouveau programme. « Pour assurer son avenir, le Parti libéral doit au plus vite récupérer le nationalisme qui gît dans le cœur de tout Québécois, quelle que soit son origine ou sa langue et clamer bien haut qu'il défend les intérêts des Québécois, comme l'Alberta défend ceux des Albertains », notait dans son « postmortem » un candidat libéral défait, le docteur Augustin Roy, identifiant ainsi une des principales faiblesses de son parti. Le prochain congrès biennal du Parti libéral aura lieu au printemps 1982 en principe, et si la conjoncture politique ne les replonge pas rapidement dans une lutte électorale, les militants libéraux devront s'engager alors dans de profondes révisions. En seront-ils capables ? Sauront-ils rajeunir leur parti ?

Le Parti québécois : une autre étape

À l'inverse du Parti libéral, le Parti québécois est de toute évidence dans une position dominante au lendemain de l'élection. Il est solidement implanté dans tout le Québec francophone et sa clientèle électorale semble destinée à le suivre pendant encore plusieurs années lorsque l'on fait l'analyse de sa composition. Qui plus est, il commence même à percer auprès de l'électorat anglophone.

À l'Assemblée nationale, il peut compter sur une solide majorité pour gouverner de même que sur l'appui d'un appareil gouvernemental puissant pour mener ses projets à terme. En manœuvrant habilement, il peut espérer maintenir, sinon accroître, l'appui populaire que lui a accordé l'électorat, ce qui lui sera sûrement plus facile s'il remplit ses engagements électoraux de « bon gouvernement ».

Il lui faudra pour cela éviter avec soin les pièges innombrables que recèle « l'habitude du pouvoir » et manœuvrer habilement dans les domaines économique et constitutionnel où les difficultés, souvent liées à la conjoncture, surgiront nombreuses.

Ainsi il est exemplaire de noter que l'une des premières réactions des partisans libéraux, le soir du 13 avril, a été de faire un parallèle entre la victoire du Parti québécois et celle de leur parti en 1973. Avec 49.2 pour cent des suffrages et 80 députés, René Lévesque aura, face à l'avenir, la même assurance que pouvait en effet avoir Robert Bourassa qui ignora les conséquences des histoires de patronage sur l'image de son gouvernement qui lentement se détériora. De même, fort de sa victoire, René Lévesque pourra être tenté, surestimant sa force personnelle, d'écarter de son entourage immédiat les personnalités trop fortes et de mettre au pas un parti parfois trop critique à son goût.

Le premier ministre René Lévesque ayant axé sa campagne électorale principalement sur la relance de l'économie, il sera donc naturel que les électeurs le jugent sur ses réalisations en ce domaine. Ils seront d'autant plus critiques que le gouvernement a pris des engagements précis. Comme tous les gouvernements provinciaux, le gouvernement québécois a bien peu d'influence sur des questions telles l'inflation, la flambée des taux d'intérêt ou la récession et il risque, en s'étant placé sur le terrain économique, d'être rendu responsable de l'évolution d'une situation dont le contrôle lui échappera totalement. Ce ne sera d'ailleurs pas le premier gouvernement à qui cela arrivera.

La question constitutionnelle est passée au second plan durant la campagne électorale, mais le contexte politique canadien, comme l'intérêt naturel du Parti québécois pour cette question, la ramèneront à coup sûr au premier plan de l'actualité au cours du mandat du gouvernement. On avait voulu « évacuer » la question nationale du débat électoral, avec succès, semble-t-il, puisque les Québécois font confiance à René Lévesque lorsque celui-ci leur promet de ne pas tenir un référendum sur la souveraineté-association au cours de ce mandat. Pourtant tous sont conscients que les militants péquistes, comme les membres du gouvernement, ne cesseront pas pour autant de parler de souveraineté-association.

Dès le 13 avril, aussitôt que sont connus les résultats du scrutin, il apparaît clairement que non seulement le Parti québécois n'est plus « un accident de parcours », comme le note René Lévesque, mais qu'une autre étape a été franchie pour le mouvement indépendantiste. Camille Laurin ne laisse place à aucune équivoque lorsqu'il affirme que « bientôt nous ferons un pays ». Claude Ryan n'est pas dupe des intentions des militants péquistes et dès le moment où il concède la victoire, il met en garde ses adversaires contre toute tentation de « faire sortir le Québec du Canada ». Les principaux quotidiens du Canada anglais reprennent à leur façon cette mise en garde, en commençant par le quotidien montréalais *The Gazette*.

Il existe une volonté évidente au Parti québécois de promouvoir au cours de ce nouveau mandat la souveraineté-association. La « mise en veilleuse de la souveraineté-association » ne portait pas sur l'objectif fondamental auquel tous les militants continuent de croire. Le parti et son chef ont été clairs : ce n'est que la démarche qui est mise en veilleuse par la promesse de ne pas tenir de référendum sur la souveraineté-association au cours du présent mandat. Rien d'autre ! Cela n'exclut pas la tenue d'une « élection référendaire » sur la souveraineté-association. Les positions adoptées à l'automne 1980 lors d'un Conseil national élargi le prévoient en effet, bien que le premier ministre se soit engagé pendant la campagne électorale à ne rien précipiter à cet égard.

À court terme, rien ne peut certes survenir puisque le référendum a envoyé la balle dans le camp fédéral où elle s'y trouve toujours et où elle restera aussi longtemps que le premier ministre Trudeau n'aura pas réussi ou échoué avec son projet de rapatriement de la constitution canadienne. L'élection du 13 avril n'aura changé à cet égard qu'une chose, qui ne tenait d'ailleurs qu'au fait de l'élection et non à son résultat. Le Québec a retrouvé une voix face à Ottawa, en l'occurence celle de René Lévesque. Pierre Trudeau ne peut plus s'appuyer sur le résultat des élections fédérales de février 1980 ni sur celui du référendum du 20 mai 1980 pour prétendre parler seul au nom du Québec. Le gouvernement québécois a même le mandat de défendre l'autonomie de la province contre le projet fédéral puisque pour le Parti québécois cela faisait partie de ses thèmes électoraux. On peut noter ici que contrairement à ce que peuvent prétendre certains, il n'y a pas eu de comportement schizophrénique de la part des électeurs québécois qui après avoir élu à Ottawa un gouvernement libéral et voté « non » au référendum auraient voulu corriger leur vote en élisant un gouvernement autonomiste à Québec. Tout au plus 200,000 électeurs qui avaient voté « non » au référendum ont-ils pu voter le 13 avril 1981 pour le Parti québécois alors que quelques milliers d'autres pouvaient se cantonner dans l'abstention plutôt que de voter péquiste et ainsi renier leur vote référendaire. On est loin du coup de balancier que certains ont imaginé pour expliquer le retournement d'opinion entre le 20 mai 1980 et le 13 avril 1981. On peut noter par ailleurs que les électeurs québécois qui élisent Pierre Trudeau au fédéral sont généralement les

mêmes, selon certaines études, que ceux qui votent libéral lors des élections provinciales. Compte-tenu d'un fort
taux d'abstention aux élections fédérales, leur vote a cependant plus d'impact.

À moyen terme, lorsque le sort du projet
constitutionnel aura été tranché, la position de René
Lévesque sera fort différente. Dans l'hypothèse d'une
réussite des visées de Pierre Trudeau, il aura le choix
entre rendre les armes et transformer le Parti québécois
en parti fédéraliste voué à la défense des droits du
Québec, ou tenter, une dernière fois, de faire trancher
par le peuple le débat qui l'oppose au premier ministre
fédéral. Un référendum sur le projet fédéral pourrait
avoir lieu ou encore une « élection référendaire » sur la
souveraineté-association pourrait être choisie comme
moyen d'action. Dans l'hypothèse d'un échec de Pierre
Trudeau, alors qu'il faudra recommencer les négociations
constitutionnelles, là aussi René Lévesque aura le choix...
entre négocier le fédéralisme renouvelé de bonne foi ou
tenter, à la première impasse dans les négociations, de se
faire donner un mandat à l'occasion d'une élection sur la
souveraineté-association. Mais il lui faut attendre que la
balle revienne dans le camp du Québec pour retrouver
l'initiative de l'action. Avec l'élection du 13 avril qui le
met à la portée d'une majorité absolue des voix, René
Lévesque pourra être tenté de franchir une autre étape.

Annexes

Annexe 1

Sommaire des résultats des élections provinciales tenues au Québec le 29 avril 1970, le 29 octobre 1973, le 15 novembre 1976 et le 13 avril 1981

	1970 Nombre	%	%	1973 Nombre	%	%	1976 Nombre	%	%	1981 Nombre	%	%
Inscrits	3 478 578			3 762 709			4 023 743			4 408 897		
Bulletins déposés	2 929 999	**84.2**		3 025 740	**80.4**		3 430 952	**85.2**		3 639 171	**82.5**	
Bulletins rejetés	57 029	**1.6**		54 762	**1.5**		70 446	**1.7**		36 558	**0.8**	
Votes valides	2 872 970	**82.6**		2 970 978	**78.9**		3 360 506	**83.5**		3 602 613	**81.7**	
Parti libéral du Québec	1 304 341	**37.5**	45.4	1 623 734	**43.1**	54.7	1 135 056	**28.2**	33.8	1 660 504	**37.7**	46.1
Parti québécois	662 404	**19.0**	23.1	897 809	**23.9**	30.2	1 390 351	**34.6**	41.4	1 773 918	**40.2**	49.2
Union nationale	564 544	**16.2**	19.6	146 209	**3.9**	4.9	611 666	**15.2**	18.2	144 163	**3.3**	4.0
Autres	341 681	**9.8**	11.9	303 226	**8.0**	10.2	223 433	**5.5**	6.6	24 028	**0.6**	0.7

Note : **les pourcentages en caractères gras** ont été établis par rapport au nombre des électeurs inscrits tandis que les autres pourcentages l'ont été par rapport aux votes valides.

Source : Rapports du président général des élections pour 1970, 1973 et 1976 et Rapport préliminaire, directeur général des élections, élections générales du 13 avril 1981. Québec, 1970, 1973, 1977 et 1981.

Annexe 2

Résultats des élections du 15 novembre 1976 au Québec compilés, par circonscription, selon la division territoriale de 1981

Circonscription	Inscrits N	Bulletins rejetés N	Bulletins rejetés %	Votes valides N	Votes valides %	Votes P.L.Q. N	Votes P.L.Q. %	Votes P.Q. N	Votes P.Q. %	Votes U.N. N	Votes U.N. %	Autres votes N	Autres votes %	Elu/votes valides %
Abitibi-Est	26 515	355	1.3	20 902	78.8	4 816	18.2	6 679	25.2	2 296	8.6	7 121	26.8	34.0
Abitibi-Ouest	28 840	283	1.0	22 871	79.3	5 395	18.7	8 351	28.9	1 931	6.7	7 194	24.9	36.5
Anjou	39 837	783	1.9	34 344	86.2	10 880	27.3	19 331	48.5	3 008	7.5	1 125	2.8	56.3
Argenteuil	31 681	428	1.3	25 984	82.0	8 768	27.7	8 295	26.2	6 399	20.2	2 522	7.9	33.7
Arthabaska**	36 499	616	1.7	32 001	87.0	8 991	24.7	12 465	24.7	7 536	20.7	3 009	8.2	38.9
Beauce-Nord**	34 623	527	1.5	29 015	83.8	10 350	30.0	10 765	31.1	6 334	18.3	1 566	4.5	37.1
Beauce-Sud	32 127	478	1.4	26 336	82.0	6 033	17.4	2 692	17.4	278	0.6	17 333	53.8	65.7
Beauharnois**	37 799	554	1.5	33 499	88.6	11 572	30.6	15 508	41.0	5 224	13.8	1 195	3.2	46.3
Bellechasse*	28 073	420	1.5	22 543	80.3	7 547	26.9	5 754	20.5	8 301	29.5	941	3.4	41.0
Berthier*	29 739	343	1.1	24 939	83.8	8 194	27.5	8 519	28.7	6 784	22.8	1 442	4.8	34.2
Bertrand	27 928	459	1.6	24 886	89.1	7 871	28.2	13 486	48.3	2 955	10.6	574	2.0	54.2
Bonaventure*	25 211	340	1.3	20 063	79.5	9 749	38.6	6 163	24.4	3 855	15.2	316	1.3	48.6
Bourassa	38 078	654	1.7	31 235	82.0	10 140	26.6	16 224	42.6	3 952	10.4	919	2.3	54.9
Bourget	33 754	450	1.3	29 454	87.2	9 450	28.0	16 251	48.1	2 978	8.8	775	2.3	55.2
Brome-Missisquoi*	28 478	514	1.2	23 100	81.1	5 450	19.1	4 772	16.8	11 382	40.0	1 496	5.2	49.3
Chambly	28 579	415	1.4	25 126	87.9	9 541	33.4	10 547	36.9	4 554	15.9	484	1.7	42.0
Champlain**	35 536	434	1.2	30 722	86.5	8 086	22.8	12 514	35.2	7 882	22.2	2 240	6.3	40.7
Chapleau	34 736	1 038	3.0	26 448	76.1	9 781	28.1	10 162	29.5	4 841	13.9	1 664	4.7	38.4
Charlesbourg	37 337	549	1.5	31 038	83.1	11 558	31.0	15 489	41.5	2 955	7.9	1 036	2.7	50.0
Charlevoix**	27 829	417	1.5	22 755	81.8	12 419	44.6	7 520	27.0	1 670	6.0	1 146	4.1	54.6
Châteauguay	36 201	605	1.7	31 326	86.5	8 657	23.9	13 520	37.3	8 191	22.6	958	2.7	43.2

Québec : élections 1981

Résultats des élections du 15 novembre 1976 au Québec compilés, par circonscription, selon la division territoriale de 1981 (suite)

Circonscription	Inscrits N	Bulletins rejetés N	Bulletins rejetés %	Votes valides N	Votes valides %	Votes P.L.Q. N	Votes P.L.Q. %	Votes P.Q. N	Votes P.Q. %	Votes U.N. N	Votes U.N. %	Autres votes N	Autres votes %	Elu/votes valides %
Chauveau	32 456	588	1.8	28 658	88.3	10 805	33.3	**12 712**	39.2	3 259	10.0	1 882	5.8	44.4
Chicoutimi**	37 880	528	1.4	33 016	86.5	6 896	18.2	**20 638**	54.4	4 429	11.7	1 053	2.1	62.5
Chomedey	31 823	625	2.0	26 405	83.0	**12 830**	40.3	8 007	25.2	4 797	15.1	771	2.4	48.6
Crémazie	37 250	559	1.5	34 214	91.8	12 481	33.5	**17 153**	46.0	3 636	9.8	944	2.5	50.1
D'Arcy-McGee	32 764	428	1.3	27 065	82.6	**19 047**	58.1	1 220	3.7	5 558	17.0	1 309	4.0	70.4
Deux-Montagnes	28 866	405	1.6	24 502	84.9	8 443	29.2	**10 061**	34.9	4 953	17.2	1 045	3.6	41.1
Dorion**	35 887	764	2.1	29 578	82.4	10 143	28.3	**15 486**	43.3	2 661	7.4	1 288	3.6	52.4
Drummond**	39 205	506	1.3	34 406	87.8	7 778	19.8	**14 605**	37.2	8 211	20.9	3 812	9.7	42.4
Dubuc	26 272	393	1.5	22 190	84.5	6 561	25.0	**9 950**	37.9	4 206	16.0	1 473	5.6	44.8
Duplessis	42 075	947	2.3	32 495	77.2	8 662	20.6	**19 731**	46.9	3 009	7.2	1 093	2.6	60.7
Fabre	28 227	479	1.7	25 132	89.0	8 480	30.0	**11 987**	42.5	3 606	12.8	1 059	3.8	47.7
Frontenac	33 466	480	1.4	29 026	86.7	6 415	19.2	**11 122**	33.2	9 995	29.9	1 494	4.5	38.3
Gaspé**	29 720	319	1.1	24 053	81.0	7 885	26.5	7 630	25.7	**8 305**	27.9	233	0.8	34.5
Gatineau	24 679	426	1.7	18 597	75.4	**8 310**	33.7	5 602	22.7	3 258	13.2	1 427	5.8	33.7
Gouin	35 830	727	2.0	30 758	85.8	10 299	28.7	**16 413**	45.8	2 945	8.2	1 101	3.1	53.4
Groulx	35 403	560	1.6	31 141	88.0	10 042	28.4	**15 240**	43.0	4 675	13.2	1 184	3.3	48.9
Hull**	38 630	881	1.9	29 655	76.8	12 029	31.1	**12 031**	31.1	4 193	10.9	1 402	3.6	40.6
Huntingdon*	27 030	386	1.8	22 378	82.8	6 741	24.9	5 428	20.1	**9 466**	35.1	743	2.7	42.3
Iberville	36 831	553	1.5	31 629	85.9	8 678	23.6	**11 439**	31.1	9 783	26.6	1 729	4.7	36.2
Iles-de-la-Madeleine**	8 224	96	1.3	7 072	85.9	3 327	40.3	**3 387**	41.1	298	3.7	60	0.7	47.9
Jacques-Cartier	40 667	419	1.0	32 564	80.1	11 653	28.6	4 052	10.0	**14 418**	35.5	2 461	6.1	44.3
Jeanne-Mance	36 164	731	2.0	29 485	81.5	10 116	28.0	**13 986**	38.7	4 508	12.5	875	2.4	47.4
Jean-Talon	38 225	795	2.1	33 474	87.6	**16 213**	42.4	13 795	36.1	3 053	8.0	413	1.1	48.4
Johnson**	28 870	344	1.2	24 672	85.5	5 348	18.4	6 379	22.2	**11 184**	38.7	1 761	6.1	45.3
Joliette	33 361	475	1.4	29 457	88.3	7 607	22.8	**12 716**	38.1	8 065	24.2	1 069	3.2	43.2
Jonquière**	39 873	600	1.5	34 990	87.8	10 862	27.2	**20 373**	51.1	2 220	5.6	1 535	3.8	58.2
Kamouraska-Témiscouata	32 593	511	1.6	25 446	78.1	8 221	25.2	**8 479**	26.0	5 304	16.3	3 442	10.6	33.3

Résultats des élections du 15 novembre 1976 au Québec compilés, par circonscription, selon la division territoriale de 1981 (suite)

Circonscription	Inscrits N	Bulletins rejetés N	Bulletins rejetés %	Votes valides N	Votes valides %	Votes P.L.Q. N	Votes P.L.Q. %	Votes P.Q. N	Votes P.Q. %	Votes U.N. N	Votes U.N. %	Autres votes N	Autres votes %	Elu/votes valides %
Labelle	33 306	368	1.1	27 452	82.4	9 487	28.5	13 634	40.9	2 893	8.7	1 438	4.3	49.7
L'Acadie**	36 827	754	2.0	30 947	84.0	14 082	38.2	9 676	26.3	6 434	17.5	755	2.0	45.5
Lac-Saint-Jean**	33 767	402	1.2	28 962	85.7	7 833	23.2	14 744	43.7	3 971	11.8	2 414	7.1	50.9
Lafontaine	33 129	635	1.9	28 249	85.3	6 738	20.3	17 564	53.0	2 620	7.9	1 327	4.0	62.2
La Peltrie	28 749	518	1.8	24 976	86.9	8 805	30.6	12 511	43.5	2 558	8.9	1 102	3.8	50.1
Laporte	37 531	647	1.7	32 032	85.3	11 854	31.6	11 882	31.7	7 692	20.5	604	1.6	37.1
Laprairie	34 077	549	1.6	29 480	86.5	10 459	30.7	12 774	37.5	5 537	16.2	710	2.1	43.3
L'Assomption	33 941	566	1.7	30 480	89.8	7 600	22.4	16 764	49.4	5 083	15.0	1 033	3.0	55.0
Laurier**	35 377	840	2.4	28 448	80.4	11 858	33.5	9 583	27.1	4 962	14.0	2 045	5.8	41.7
Laval-des-Rapides	35 023	679	1.9	30 433	86.9	9 373	26.8	16 870	48.2	2 902	8.3	1 287	3.7	55.4
Laviolette	33 705	460	1.4	28 303	84.0	6 186	18.4	11 116	33.0	8 883	26.4	2 118	6.3	39.3
Lévis**	41 188	1 052	2.5	35 527	86.3	11 340	27.5	17 227	41.8	5 585	13.6	1 375	3.3	48.5
Limoilou	41 711	823	2.0	35 164	84.3	11 845	28.4	16 184	38.8	4 967	12.0	2 168	5.2	46.0
Lotbinière	26 259	373	1.4	22 608	86.1	5 470	20.8	4 398	16.7	11 717	44.6	1 023	3.9	51.8
Louis-Hébert	36 199	561	1.5	32 360	89.4	10 407	28.7	19 444	53.7	2 175	6.0	334	0.9	60.1
Maisonneuve	39 758	790	2.0	31 933	80.3	8 597	21.6	19 433	48.9	2 704	6.8	1 199	3.0	60.9
Marguerite-Bourgeoys	37 551	802	2.1	27 446	73.1	10 212	27.2	9 191	24.5	7 438	19.8	605	1.6	37.2
Marie-Victorin	34 858	709	2.0	29 644	85.0	7 068	20.3	18 744	53.8	2 712	7.8	1 120	3.2	63.2
Marquette	29 415	628	2.1	24 089	82.0	7 756	26.4	10 348	35.2	5 039	17.7	946	3.2	43.0
Maskinongé**	29 302	394	1.3	25 461	86.9	9 124	31.1	8 721	29.7	6 561	22.4	1 055	3.6	35.8
Matane*	28 280	540	1.9	22 718	80.3	8 386	29.7	11 079	39.2	2 321	8.2	932	3.3	48.8
Matapédia*	23 702	326	1.4	19 033	80.3	5 277	22.3	10 709	45.2	1 551	6.5	1 496	6.3	56.3
Mégantic-Compton**	26 526	345	1.6	21 573	81.3	6 037	22.8	4 809	10.6	8 539	32.2	2 188	8.2	39.6
Mercier	39 282	1 081	2.8	30 307	77.2	11 471	29.2	14 847	37.8	1 975	5.0	2 014	5.2	49.0
Mille-Îles	31 156	455	1.5	28 021	89.9	9 360	30.0	14 803	47.5	2 941	9.4	917	2.9	52.8
Montmagny-L'Islet**	30 662	466	1.4	24 629	80.4	9 220	30.0	6 849	22.4	6 850	22.4	1 710	5.6	37.4
Montmorency	35 871	687	1.9	30 968	86.3	10 982	30.6	15 540	43.3	2 876	8.0	1 570	4.4	50.2

Résultats des élections du 15 novembre 1976 au Québec compilés, par circonscription, selon la division territoriale de 1981 (suite)

Circonscription	Inscrits N	Bulletins rejetés N	Bulletins rejetés %	Votes valides N	Votes valides %	Votes P.L.Q. N	Votes P.L.Q. %	Votes P.Q. N	Votes P.Q. %	Votes U.N. N	Votes U.N. %	Autres votes N	Autres votes %	Élu/votes valides %
Mont-Royal	33 329	698	2.1	27 102	81.3	**17 379**	52.1	3 748	11.2	4 811	14.4	1 164	3.5	64.1
Nelligan	31 832	687	1.2	26 623	83.6	9 217	29.0	4 746	14.9	**9 575**	30.1	3 085	9.7	30.1
Nicolet	28 674	311	1.1	24 908	86.9	7 814	27.3	7 108	24.8	**8 657**	30.2	1 329	4.6	34.8
Notre-Dame-de-Grâce	39 084	673	1.7	32 011	81.9	**14 890**	38.1	3 022	7.7	10 050	25.7	4 049	10.4	46.5
Orford**	31 659	481	1.5	25 290	79.9	8 321	26.3	7 685	24.3	6 979	22.0	2 305	7.3	32.9
Outremont	32 842	1 003	3.1	27 531	83.8	12 491	38.0	10 463	31.9	304	0.9	4 273	13.0	38.0
Papineau	24 689	699	2.8	19 093	77.3	**6 685**	27.1	6 285	25.5	4 527	18.3	1 596	6.4	35.0
Pontiac	25 804	400	1.6	19 483	75.5	**10 560**	40.9	2 736	10.6	5 287	20.5	900	3.5	54.2
Portneuf**	29 210	406	1.4	25 603	87.6	**10 362**	35.5	7 579	25.9	3 815	13.1	3 847	13.2	40.5
Prévost	32 473	523	1.6	28 177	86.8	8 446	26.0	**14 038**	43.2	4 128	12.7	1 565	4.8	49.8
Richelieu	35 304	403	1.1	31 454	89.1	12 066	34.2	**16 228**	46.0	2 295	6.5	865	2.5	51.6
Richmond	24 035	406	1.7	20 316	84.5	6 023	25.1	5 426	22.6	**7 910**	32.9	957	4.0	38.9
Rimouski**	33 963	605	1.8	28 720	84.6	10 086	29.7	**15 232**	44.8	1 664	4.9	1 738	5.2	53.0
Rivière-du-Loup	26 801	499	1.9	22 199	82.8	6 842	25.5	**8 798**	32.8	4 883	18.2	1 676	6.3	39.6
Robert-Baldwin	35 592	581	1.6	30 304	85.1	11 339	31.9	4 250	11.9	8 324	23.4	6 391	18.0	37.4
Roberval**	37 302	513	1.4	29 664	79.5	**11 767**	31.5	10 835	29.1	3 139	8.4	3 923	10.5	39.7
Rosemont	39 833	728	1.8	31 969	80.3	10 925	27.4	**15 956**	40.1	3 861	9.7	1 227	3.1	49.9
Rousseau	32 171	403	1.3	25 725	80.0	8 547	26.6	**11 326**	35.2	4 692	14.6	1 161	3.6	44.0
Rouyn-Noranda-Témiscamingue	33 869	523	1.5	27 339	80.7	6 528	19.3	8 664	25.6	3 111	9.2	**9 036**	26.7	32.8
Saguenay	30 817	604	2.0	25 590	83.0	5 394	17.5	**16 878**	54.8	2 290	7.4	1 028	3.3	65.9
Sainte-Anne	31 221	742	2.4	23 964	76.8	8 884	28.5	**9 677**	31.0	3 498	11.2	1 905	6.1	40.4
Saint-François**	32 104	560	1.7	26 717	83.2	7 492	23.3	**11 115**	34.6	6 114	19.0	1 996	6.2	41.6
Saint-Henri	39 190	753	1.9	31 774	81.1	10 607	27.1	**15 624**	39.9	4 453	11.4	1 090	2.8	49.2
Saint-Hyacinthe	37 100	1 070	2.9	30 992	83.5	8 145	22.0	10 245	27.6	**10 426**	28.1	2 176	5.8	33.6
Saint-Jacques	38 752	1 038	2.7	27 798	71.7	7 855	20.3	**16 411**	42.3	2 189	5.6	1 343	3.5	59.0
Saint-Jean**	37 146	781	2.1	31 861	85.8	10 875	29.3	**14 570**	39.2	5 439	14.6	977	2.6	45.7
Saint-Laurent	38 867	760	2.0	32 179	82.8	**14 861**	38.2	8 553	22.0	7 425	19.1	1 340	3.5	46.2
Saint-Louis	27 712	670	2.4	19 979	72.1	**8 954**	32.3	5 179	18.7	3 786	13.7	2 060	7.4	44.8
Sainte-Marie**	31 355	622	2.0	24 773	79.0	8 574	27.4	**13 617**	43.4	1 711	5.5	871	2.7	55.0

Résultats des élections du 15 novembre 1976 au Québec compilés, par circonscription, selon la division territoriale de 1981 (suite)

Circonscription	Inscrits N	Bulletins rejetés N	Bulletins rejetés %	Votes valides N	Votes valides %	Votes P.L.Q. N	Votes P.L.Q. %	Votes P.Q. N	Votes P.Q. %	Votes U.N. N	Votes U.N. %	Autres votes N	Autres votes %	Elu/votes valides %
Saint-Maurice**	32 246	540	1.7	28 043	87.0	8 048	25.0	**12 836**	39.8	4 749	14.7	2 410	7.5	45.8
Sauvé	33 386	551	1.6	27 868	83.5	7 203	21.6	**16 256**	48.7	3 599	10.8	810	2.4	58.3
Shefford*	35 404	499	1.4	30 374	85.8	**9 662**	27.3	8 134	23.0	9 276	26.2	3 302	9.3	31.8
Sherbrooke**	35 556	681	1.9	29 262	82.3	8 545	24.0	**12 440**	35.0	6 255	17.6	2 022	5.7	42.5
Taillon	34 359	632	1.8	29 207	85.0	6 805	19.8	**18 972**	55.2	2 436	7.1	994	2.9	64.9
Taschereau	34 681	927	2.7	27 178	78.4	10 070	29.0	**12 374**	35.7	3 036	8.8	1 698	4.9	45.5
Terrebonne	27 869	475	1.7	23 766	85.3	6 246	22.4	**13 699**	49.1	2 677	9.6	1 144	4.0	57.6
Trois-Rivières**	37 750	625	1.7	31 559	83.6	10 639	28.2	**13 821**	36.6	5 662	15.0	1 437	3.8	44.0
Ungava	22 257	283	1.3	13 320	59.8	2 558	11.5	**6 012**	27.0	1 314	5.9	3 436	15.4	45.1
Vachon	29 893	581	1.9	24 807	83.0	5 763	19.3	**14 057**	47.0	3 818	12.8	1 169	3.9	56.7
Vanier	36 971	797	2.1	32 043	86.7	11 080	30.0	**16 083**	43.5	3 185	8.6	1 695	4.6	50.2
Vaudreuil-Soulanges**	37 714	555	1.5	32 141	85.2	10 990	29.1	**11 524**	30.5	8 548	22.7	1 079	2.9	35.8
Verchères	33 480	555	1.6	29 250	87.4	10 222	30.5	**13 792**	41.2	4 491	13.4	745	2.2	47.1
Verdun	32 355	706	2.2	29 249	90.4	**12 768**	39.5	9 123	28.2	6 521	20.1	837	2.5	43.6
Viau	35 979	727	2.0	30 133	83.7	11 063	30.7	**13 227**	36.8	4 640	12.9	1 203	3.4	44.0
Viger	32 628	874	2.7	28 072	86.0	11 158	34.2	**11 579**	35.5	4 622	14.2	713	2.2	41.2
Vimont	26 484	434	1.6	24 065	90.9	7 615	28.7	**12 854**	48.5	2 728	10.3	868	3.3	53.4
Westmount**	32 096	510	1.4	29 021	80.4	**14 724**	40.8	3 483	9.6	5 980	16.6	4 834	13.4	50.7

Note : Le Ralliement créditiste avait un candidat dans chacune des 110 circonscriptions de 1976 sauf dans celle de Beauce-Sud. Dans Beauce-Sud et dans 35 autres circonscriptions, il y avait un candidat du Parti national populaire. S'ajoutaient enfin 24 candidats sans dénomination et 70 candidats de petits partis. Les suffrages recueillis par ces 239 candidats sont inscrits dans la colonne « autres votes ».

Tous les pourcentages de ce tableau sont établis par rapport au nombre d'électeurs inscrits, sauf pour la dernière colonne où le pourcentage du candidat élu est calculée par rapport au nombre de votes valides.

Les **chiffres en caractère gras** identifient le candidat élu. Les circonscriptions marquées d'un astérisque ont subi des changements insignifiants et celles qui sont marquées de deux astérisques n'ont pas été modifiées, par rapport à 1976.

Source : Compilations inédites de Louis Massicotte et André Bernard, réalisées à l'aide des résultats officiels des élections générales du 15 novembre 1976 et des informations fournies par la Commission de la représentation électorale. La répartition des données relatives aux sections de vote de 1976 qui, en 1981. sont traversées par la frontière entre deux circonscriptions et celle des données relatives aux bureaux spéciaux ont été effectuées en fonction des conditions particulières à chaque cas.

Annexe 3

Résultats des élections provinciales du 13 avril 1981 au Québec, par circonscription

Circonscription	Inscrits N	Bulletins rejetés N	Bulletins rejetés %	Votes valides N	Votes valides %	Votes P.L.Q. N	Votes P.L.Q. %	Votes P.Q. N	Votes P.Q. %	Votes U.N. N	Votes U.N. %	Autres votes N	Autres votes %	Elu/votes valides %
Abitibi-Est	29 835	223	0.8	22 040	73.9	6 592	22.1	13 790	46.2	1 658	5.6	—	—	62.6
Abitibi-Ouest	31 218	172	0.6	24 612	78.8	7 650	24.5	16 030	51.4	932	2.9	—	—	65.1
Anjou	42 437	467	1.1	35 833	84.4	14 935	35.2	20 355	48.0	543	1.3	—	—	56.8
Argenteuil	34 187	195	0.6	27 772	81.2	15 895	46.5	10 899	31.9	778	2.3	200	0.6	57.2
Arthabaska	40 470	259	0.6	34 347	84.9	13 120	32.4	18 424	45.5	2 623	6.5	180	0.5	53.6
Beauce-Nord	41 763	281	0.7	35 321	84.6	14 030	33.6	18 858	45.2	2 433	5.8	—	—	53.4
Beauce-Sud	36 246	1502	4.1	28 565	78.8	13 393	36.9	13 296	36.7	1 519	4.2	357	1.0	46.9
Beauharnois	40 335	371	0.9	34 702	86.0	14 621	36.3	18 741	46.5	970	2.4	370	0.9	54.0
Bellechasse	29 848	179	0.6	24 464	82.0	8 830	29.6	9 194	30.8	6 440	21.6	—	—	37.6
Berthier	33 780	259	0.8	28 591	84.6	10 676	31.6	9 454	28.0	8 461	25.1	—	—	37.0
Bertrand	35 992	351	1.0	31 587	87.8	11 686	32.5	19 091	53.0	810	2.3	—	—	60.4
Bonaventure	27 259	123	0.5	21 517	78.9	11 609	42.6	9 476	34.8	432	1.6	—	—	54.0
Bourassa	37 435	409	1.1	30 966	82.7	14 674	39.2	15 597	41.7	571	1.5	124	0.3	50.4
Bourget	33 553	254	0.8	28 199	84.0	11 556	34.4	15 810	47.1	588	1.8	245	0.7	56.1
Brome-Missisquoi	31 325	168	0.5	25 304	80.8	15 832	50.5	8 005	25.6	1 178	3.8	289	0.9	62.6
Chambly	33 948	285	0.8	29 532	87.0	13 521	39.8	15 189	44.7	752	2.2	70	0.2	51.4
Champlain	39 674	376	1.0	33 204	83.7	12 852	32.4	17 789	44.8	2 462	6.2	101	0.3	53.6
Chapleau	37 937	237	0.6	28 752	75.8	15 364	40.5	12 880	34.0	413	1.1	95	0.3	53.3
Charlesbourg	40 780	254	0.6	34 687	85.1	13 892	34.1	19 878	48.8	762	1.9	155	0.4	57.3
Charlevoix	29 981	183	0.6	25 098	83.7	12 712	42.4	11 913	39.7	473	1.6	—	—	50.7
Châteauguay	42 654	316	0.7	36 646	85.9	17 077	40.0	18 855	44.2	574	1.3	140	0.3	51.5
Chauveau	41 378	383	0.9	33 930	82.0	14 073	34.0	18 991	45.9	866	2.1	—	—	56.0
Chicoutimi	41 885	472	1.1	33 091	79.0	7 824	18.8	24 456	58.4	811	1.9	—	—	73.9
Chomedey	38 173	357	0.9	31 601	82.8	20 933	54.8	10 125	26.5	543	1.4	—	—	66.2
Crémazie	38 768	362	0.9	32 918	84.9	15 355	39.6	16 938	43.7	545	1.4	80	0.2	51.5
D'Arcy-McGee	36 398	242	0.7	28 342	77.9	26 064	71.6	1 532	4.2	111	0.3	635	1.8	92.0
Deux-Montagnes	35 833	284	0.8	30 472	85.0	13 319	37.2	16 149	45.1	767	2.1	237	0.7	53.0

Résultats des élections provinciales du 13 avril 1981 au Québec, par circonscription (suite)

Circonscription	Inscrits N	Bulletins rejetés N	Bulletins rejetés %	Votes valides N	Votes valides %	Votes P.L.Q. N	Votes P.L.Q. %	Votes P.Q. N	Votes P.Q. %	Votes U.N. N	Votes U.N. %	Autres votes N	Autres votes %	Élu/votes valides %
Dorion	34 997	666	1.9	28 235	80.7	12 657	36.2	14 551	41.6	524	1.5	503	1.4	51.5
Drummond	41 862	346	0.8	35 001	83.6	13 448	32.1	19 359	46.3	2 099	5.0	95	0.2	55.3
Dubuc	31 515	212	0.7	25 726	81.6	8 334	26.5	16 630	52.8	762	2.4	—	—	64.6
Duplessis	41 811	243	0.6	30 570	73.1	9 921	23.7	19 962	47.7	514	1.2	173	0.4	65.3
Fabre	33 738	333	1.0	29 105	86.3	13 096	38.8	15 361	45.5	648	1.9	—	—	52.8
Frontenac	36 389	130	0.4	31 055	85.3	9 451	26.0	16 549	45.5	4 903	13.5	152	0.4	53.3
Gaspé	31 972	144	0.5	25 779	80.6	10 904	34.1	12 136	38.0	2 739	8.6	—	—	47.1
Gatineau	27 758	239	0.9	22 441	80.9	12 244	44.1	9 828	35.4	369	1.3	—	—	54.6
Gouin	33 824	333	1.0	26 942	79.7	10 354	30.6	15 563	46.0	607	1.8	418	1.2	57.8
Groulx	42 373	395	0.9	35 522	83.8	14 243	33.6	20 317	48.0	861	2.0	101	0.2	57.2
Hull	39 686	530	1.3	31 294	78.9	15 572	39.2	15 116	38.1	263	0.7	343	0.9	49.8
Huntingdon	29 154	204	0.7	23 641	81.1	13 454	46.2	8 366	28.7	1 821	6.3	—	—	56.9
Iberville	40 368	350	0.9	34 203	84.7	14 883	36.9	16 822	41.7	2 498	6.2	—	—	49.2
Iles-de-la-Madeleine	9 435	57	0.6	8 274	87.7	2 851	30.2	5 278	55.9	57	0.6	88	0.9	63.8
Jacques-Cartier	39 466	211	0.5	32 562	82.5	25 894	65.6	4 983	12.5	259	0.7	1 426	3.6	79.5
Jeanne-Mance	40 131	372	0.9	33 509	83.5	19 652	49.0	13 472	33.6	385	1.0	—	—	58.7
Jean-Talon	38 942	400	1.0	33 075	84.9	17 290	44.4	15 044	38.6	526	1.4	215	0.6	52.3
Johnson	32 355	187	0.6	27 415	84.7	12 325	38.1	13 131	40.6	1 959	6.1	—	—	47.9
Joliette	36 773	337	0.9	31 457	85.5	11 143	30.3	16 343	44.4	3 971	10.8	—	—	52.0
Jonquière	43 099	338	0.8	35 706	82.9	11 327	26.3	23 562	54.7	582	1.4	235	0.6	66.0
Kamouraska-Témiscouata	34 746	305	0.9	26 754	77.0	10 513	30.3	14 702	42.3	1 539	4.4	—	—	55.0
Labelle	38 460	246	0.6	30 497	79.3	11 822	30.7	17 596	45.8	1 079	2.8	—	—	57.8
L'Acadie	40 214	321	0.8	33 425	83.1	22 784	56.7	10 154	25.3	369	0.9	118	0.3	68.2
Lac-Saint-Jean	36 692	206	0.7	31 455	85.7	10 648	29.0	19 602	53.4	1 205	3.3	—	—	62.3
Lafontaine	38 846	423	1.1	32 483	83.6	11 519	29.7	20 224	52.1	607	1.6	133	0.3	62.3
La Peltrie	36 522	333	0.9	31 362	85.9	12 638	34.6	17 975	49.2	749	2.1	—	—	57.3
Laporte	38 671	345	0.9	32 137	83.1	19 316	50.0	12 219	31.6	509	1.3	103	0.3	60.1

Résultats des élections provinciales du 13 avril 1981 au Québec, par circonscription (suite)

Circonscription	Inscrits N	Bulletins rejetés N	Bulletins rejetés %	Votes valides N	Votes valides %	Votes P.L.Q. N	Votes P.L.Q. %	Votes P.Q. N	Votes P.Q. %	Votes U.N. N	Votes U.N. %	Autres votes N	Autres votes %	Élu/votes valides %
Laprairie	45 749	397	0.9	38 716	84.6	19 070	41.7	18 742	41.0	813	1.8	91	0.2	49.3
L'Assomption	42 657	439	1.1	36 689	86.1	12 150	28.5	22 605	53.0	1 934	4.5	—	—	61.6
Laurier	36 428	389	1.1	28 830	79.1	16 719	45.9	9 871	27.1	676	1.8	1 564	4.3	58.0
Laval-des-Rapides	38 348	426	1.1	32 222	84.0	12 827	33.5	18 667	48.7	658	1.7	70	0.2	57.9
Laviolette	35 388	243	0.7	29 063	82.1	11 336	32.0	16 403	46.3	1 324	3.7	—	—	56.4
Lévis	48 371	333	0.7	41 138	85.0	15 640	32.3	24 444	50.5	972	2.1	82	0.2	59.4
Limoilou	39 672	317	0.9	31 817	80.2	13 436	33.9	17 317	43.7	851	2.2	213	0.5	54.4
Lotbinière	28 219	208	0.7	23 813	84.4	10 288	36.5	11 653	41.3	1 872	6.6	—	—	48.9
Louis-Hébert	39 754	372	0.9	33 157	83.4	12 218	30.7	20 345	51.2	473	1.2	121	0.3	61.4
Maisonneuve	37 050	437	1.2	29 279	79.1	11 407	30.8	16 930	45.7	513	1.4	429	1.2	57.8
Marguerite-Bourgeoys	35 324	328	0.9	28 900	81.8	19 511	55.2	8 970	25.4	355	1.0	64	0.2	67.5
Marie-Victorin	36 799	377	1.0	29 734	80.8	9 208	25.0	19 472	52.9	772	2.1	282	0.8	65.5
Marquette	32 069	295	0.9	26 013	81.1	13 146	41.0	12 209	38.1	365	1.1	293	0.9	50.5
Maskinongé	33 484	297	0.9	28 256	84.4	13 248	39.6	13 015	38.9	1 993	6.0	—	—	46.8
Matane	30 853	183	0.6	24 401	79.1	9 614	31.2	13 880	45.0	709	2.3	198	0.6	56.9
Matapédia	25 344	273	1.1	19 899	78.5	7 178	28.3	10 445	41.2	2 276	9.0	—	—	52.5
Mégantic-Compton	27 995	165	0.6	22 802	81.5	11 795	42.1	9 468	33.8	1 539	5.5	—	—	51.7
Mercier	37 904	468	1.2	29 804	78.6	12 333	32.5	16 252	42.9	495	1.3	724	1.9	54.5
Mille-Îles	35 692	366	1.0	31 174	87.3	13 629	38.2	16 825	47.1	720	2.0	—	—	54.0
Montmagny-L'Islet	32 642	230	0.7	25 889	79.3	11 566	35.4	11 757	36.0	2 566	7.9	—	—	45.4
Montmorency	42 146	327	0.8	34 879	82.8	12 238	29.0	21 791	51.7	710	1.7	140	0.3	62.5
Mont-Royal	34 807	249	0.7	27 109	77.9	21 875	62.9	4 375	12.6	188	0.5	671	1.9	80.7
Nelligan	38 291	200	0.5	31 401	82.0	23 168	60.5	7 113	18.6	404	1.1	716	1.9	73.9
Nicolet	31 276	212	0.7	26 727	85.5	8 956	28.6	9 138	29.8	8 453	27.0	—	—	34.9
Notre-Dame-de-Grâce	38 703	209	0.5	30 284	78.3	24 821	64.1	4 281	11.0	174	0.5	1 008	2.6	82.0
Orford	35 703	226	0.6	29 097	81.5	15 828	44.3	12 186	34.1	1 083	3.0	—	—	54.4

Résultats des élections provinciales du 13 avril 1981 au Québec, par circonscription (suite)

Circonscription	Inscrits N	Bulletins rejetés N	Bulletins rejetés %	Votes valides N	Votes valides %	Votes P.L.Q. N	Votes P.L.Q. %	Votes P.Q. N	Votes P.Q. %	Votes U.N. N	Votes U.N. %	Autres votes N	Autres votes %	Élu/votes valides %
Outremont	34 355	328	1.0	27 775	80.9	15 310	44.6	11 907	34.7	215	0.6	343	1.0	55.1
Papineau	26 948	137	0.5	21 980	81.6	11 717	43.5	9 741	36.2	412	1.5	110	0.4	53.3
Pontiac	29 242	113	0.4	22 345	76.4	15 157	51.8	4 691	16.0	704	2.4	1 793	6.1	67.8
Portneuf	32 028	242	0.8	27 611	86.2	14 120	44.1	12 607	39.4	884	2.8	—	—	51.1
Prévost	37 404	343	0.9	30 364	81.2	13 083	35.0	16 137	43.1	955	2.6	189	0.5	53.2
Richelieu	38 189	328	0.9	32 459	85.0	13 025	34.1	18 198	47.7	1 037	2.7	199	0.5	56.1
Richmond	25 013	130	0.5	21 417	85.6	10 193	40.8	9 870	39.5	1 354	5.4	—	—	47.6
Rimouski	39 507	206	0.5	32 937	83.4	11 143	28.2	20 106	50.9	1 525	3.9	163	0.4	61.0
Rivière-du-Loup	29 176	279	1.0	23 267	79.8	9 242	31.7	12 871	44.1	1 154	4.0	—	—	55.3
Robert-Baldwin	42 067	190	0.5	34 511	82.0	26 865	63.9	6 651	15.8	260	0.6	735	1.8	77.9
Roberval	40 267	293	0.7	33 363	82.9	12 760	31.7	19 301	47.9	1 302	3.2	—	—	57.9
Rosemont	39 775	364	0.9	32 524	81.8	14 434	36.3	17 137	43.1	588	1.5	365	0.9	52.7
Rousseau	38 416	273	0.7	30 825	80.2	12 662	33.0	14 950	38.9	3 107	8.1	106	0.3	48.5
Rouyn-Noranda-Témiscamingue	36 893	271	0.7	28 483	77.2	11 734	31.8	15 649	42.4	629	1.7	471	1.3	54.9
Saguenay	34 277	212	0.6	25 644	74.8	8 139	23.8	17 069	49.8	436	1.3	—	—	66.6
Sainte-Anne	30 690	342	1.1	22 669	73.9	11 537	37.6	10 374	33.8	486	1.6	272	0.9	50.9
Saint-François	37 491	331	0.9	30 702	81.9	13 866	37.0	15 990	42.7	722	1.9	124	0.3	52.1
Saint-Henri	38 157	355	0.9	30 048	78.8	14 490	38.0	14 419	38.0	778	2.0	361	1.0	48.2
Saint-Hyacinthe	39 334	—	0.0	32 329	82.2	11 512	29.3	14 109	35.9	6 708	17.1	—	—	43.6
Saint-Jacques	34 687	340	1.0	24 791	71.5	8 142	23.5	15 727	45.3	443	1.3	479	1.4	63.4
Saint-Jean	42 091	483	1.2	34 698	82.4	15 737	37.4	17 687	42.0	1 274	3.0	—	—	51.0
Saint-Laurent	41 965	467	1.1	33 482	79.8	24 176	57.6	8 867	21.2	439	1.1	613	1.8	72.2
Saint-Louis	33 298	303	0.9	24 074	72.3	16 961	50.9	6 267	18.8	233	0.7	516	1.7	70.5
Sainte-Marie	30 087	312	1.0	22 276	74.0	7 600	25.3	13 667	45.4	493	1.6	—	—	61.4
Saint-Maurice	34 316	326	1.0	28 738	83.8	11 126	32.4	15 989	46.6	1 505	4.4	118	0.3	55.6
Sauvé	35 793	423	1.2	29 107	81.3	13 043	36.4	15 420	43.1	550	1.5	94	0.3	53.0
Shefford	39 410	362	0.9	33 418	84.8	14 905	37.8	15 632	39.7	2 725	6.9	156	0.4	46.8

Résultats des élections provinciales du 13 avril 1981 au Québec, par circonscription

Circonscription	Inscrits N	Bulletins rejetés N	%	Votes valides N	%	Votes P.L.Q. N	%	Votes P.Q. N	%	Votes U.N. N	%	Autres votes N	%	Élu/votes valides %
Sherbrooke	37 329	329	0.9	30 654	82.1	13 885	37.2	**16 194**	43.4	450	1.2	125	0.3	52.8
Taillon	38 596	386	1.0	31 831	82.5	9 490	24.6	**21 535**	55.8	619	1.6	187	0.5	67.7
Taschereau	31 726	386	1.2	23 851	75.2	9 384	29.6	**13 591**	42.8	566	1.8	310	1.0	57.0
Terrebonne	36 794	323	0.9	30 585	83.1	10 363	28.2	**19 344**	52.6	878	2.4	—	—	63.3
Trois-Rivières	38 855	343	0.9	31 312	80.5	14 120	36.3	**16 070**	41.4	926	2.4	196	0.5	51.3
Ungava	29 588	201	0.7	15 731	53.2	6 052	20.5	**9 679**	32.7	—	—	—	—	61.5
Vachon	37 053	430	1.2	30 544	82.4	11 972	32.3	**17 671**	47.7	901	2.4	—	—	57.9
Vanier	40 222	288	0.7	32 553	80.9	11 229	27.9	**20 490**	50.9	655	1.6	179	0.5	62.9
Vaudreuil-Soulanges	43 747	319	0.7	36 832	84.2	**18 992**	43.4	17 037	38.9	491	1.1	312	0.7	51.6
Verchères	39 775	308	0.8	34 429	86.6	14 227	35.8	**19 272**	48.5	930	2.3	—	—	56.0
Verdun	34 335	317	0.9	28 349	82.6	**17 406**	50.7	10 192	29.7	415	1.2	336	1.0	61.4
Viau	37 435	360	1.0	30 179	80.6	**16 657**	44.5	12 554	33.5	574	1.5	394	1.1	55.2
Viger	37 847	377	1.0	31 658	83.7	**18 794**	49.7	12 266	32.4	598	1.6	—	—	59.4
Vimont	34 321	318	0.9	29 850	87.0	12 465	36.3	**16 725**	48.7	660	1.9	—	—	56.0
Westmount	36 839	234	0.6	28 342	76.9	**22 636**	61.5	4 772	13.0	216	0.6	718	2.0	79.9

Note : Dans 73 circonscriptions, il y a eu un ou plusieurs candidats indépendants (25), sans dénomination (4) ou sous les dénominations suivantes : Crédit social uni (16), Parti communiste ouvrier (33), Parti communiste du Québec (10), Parti libertarien (10), Parti de la liberté de choix (12), Parti marxiste-léniniste du Québec (40), Parti des travailleurs du Québec (10). Les suffrages qu'ils ont recueillis sont inscrits dans la colonne « autres votes ».

Tous les pourcentages de ce tableau sont établis par rapport au nombre d'électeurs inscrits, sauf pour la dernière colonne où la majorité du candidat élu est calculée par rapport au nombre de votes valides.

Les chiffres en caractères gras identifient le candidat élu.

Source : *Rapport préliminaire-Élections générales du 13 avril 1981*, Québec, Directeur général des élections, 1981.

Annexe 4

Candidats du Parti libéral du Québec et du Parti québécois aux élections du 13 avril 1981, leur profession ou occupation antérieure, leur année de naissance. Un astérisque identifie le candidat élu ; un deuxième astérisque indique qu'il s'agit d'une ré-élection.

Circonscription	Candidat du Parti libéral du Québec	Candidat du Parti québécois
Abitibi-Est	Noella LABELLE, commissaire d'école, 1925	** Jean-Paul BORDELEAU, technologiste, 1943
Abitibi-Ouest	Claire LABRÈCHE, administrateur, 1930	** François GENDRON, professeur, 1944
Anjou	Pierre BRIEN, conseiller en gestion, 1944	** Pierre-Marc JOHNSON, médecin, avocat, 1946
Argenteuil	** Claude RYAN, journaliste, 1925	** Maurice DUMAS, professeur, 1927
Arthabaska	Laurent DUBOIS, conseiller/pédagogie, 1936	** Jacques BARIL, agriculteur, 1942
Beauce-Nord	Paul-E. DESCHENES, courtier d'ass., 1922	** Adrien OUELLETTE, professeur, 1940
Beauce-Sud	** Hermann MATHIEU, notaire, 1936	Bernard MATHIEU, professeur, 1944
Beauharnois	Michel MERCIER, avocat, 1947	** Laurent LAVIGNE, professeur, 1935
Bellechasse	Pierre MERCIER, relationniste, 1937	* Claude LACHANCE, adm. scolaire, 1945
Berthier	* Albert HOUDE, administrateur, 1931	Alain GÉNÉREUX, avocat, 1945
Bertrand	André BISAILLON, administrateur, 1941	** Denis LAZURE, médecin, 1925
Bonaventure	** Gérard-D. LÉVESQUE, avocat, 1926	Claude MARTEL, professeur, 1947
Bourassa	Augustin ROY, médecin, 1928	** Patrice LAPLANTE, commerçant, 1929
Bourget	Jean RIVARD, journaliste, 1951	** Camille LAURIN, médecin, 1922
Brome-Missisquoi	** Pierre PARADIS, avocat, 1950	Marie HARVEY, animatrice, 1930
Chambly	Marcellin TREMBLAY, administrateur, 1922	* Luc TREMBLAY, administrateur, 1940
Champlain	Blaise SOUCY, vétérinaire, 1934	** Marcel GAGNON, aviculteur, 1936
Chapleau	* John KEHOE, avocat, 1934	Jean ALFRED, professeur, 1940

Circonscription	Candidat du Parti libéral du Québec	Candidat du Parti québécois
Charlesbourg	Véronique GUIMONT-BARRY, commiss. d'éc. 1936	** Denis DE BELLEVAL, admin. publ., 1939
Charlevoix	** Raymond MAILLOUX, courtier d'ass., 1918	Paul-H. JEAN, adm. scolaire, 1943
Châteauguay	Yves FLEURENT, administrateur, 1931	** Roland DUSSAULT, professeur, 1940
Chauveau	René DUSSAULT, adm. public, avocat, 1939	* Raymond BROUILLET, professeur, 1933
Chicoutimi	Louise PARÉ, agent d'immeuble, 1927	** Marc-André BÉDARD, avocat, 1935
Chomedey	* Lise BACON, administratrice, 1934	Judy Ann SCOTT, dir. marketing, 1950
Crémazie	Gilles PERRON, ingénieur, admin., 1921	** Guy TARDIF, criminologue, professeur, 1935
D'Arcy-McGee	** Herbert MARX, avocat, professeur, 1932	André DAOUST, traducteur, 1943
Deux-Montagnes	Yvon BÉLAIR, agronome, agriculteur, 1937	** Pierre DE BELLEFEUILLE, journaliste, 1923
Dorion	Henri-F. GAUTRIN, professeur, 1943	* Huguette LACHAPELLE, secrétaire, 1942
Drummond	C.-Auguste DESROCHERS, courtier d'ass., 1929	** Michel CLAIR, avocat/aide jur., 1950
Dubuc	Jean HALLEY, conseiller tech., 1937	** Hubert DESBIENS, professeur, 1931
Duplessis	Réal-J. COUTURE, journaliste, 1948	** Denis PERRON, technicien à l'Hydro, 1938
Fabre	Lise THIBAULT, animatrice, 1939	* Michel LEDUC, professeur, 1940
Frontenac	Georges NADEAU, homme d'affaires, 1926	** Gilles GRÉGOIRE, avocat, homme d'affaires, 1926
Gaspé	Robert PIDGEON, avocat, 1945	* Henri LEMAY, adm. scolaire, 1939
Gatineau	** Michel GRATTON, ingénieur, 1939	André RACINE, adm. (dir. de C.L.S.C.), 1945
Gouin	Jean LONGPRÉ, dir. de Caisse pop., 1929	* Jacques ROCHEFORT, adm. public, 1953
Groulx	Nolan FILIATRAULT, notaire, 1943	** Élie FALLU, professeur, 1935
Hull	* Gilles ROCHELEAU, homme d'affaires, 1935	Jocelyne OUELLETTE, administrateur, 1944
Huntingdon	** Claude DUBOIS, commerçant, 1931	Yvon FAILLE, professeur, 1937
Iberville	Jean GUITE, administrateur, 1945	** Jacques BEAUSÉJOUR, professeur, 1939

Circonscription	Candidat du Parti libéral du Québec	Candidat du Parti québécois
Iles-de-la-Madeleine	Rosaire ARSENEAU, adm. (Serv. soc), 1945	** Denise LEBLANC, journaliste, 1949
Jacques-Cartier	* Joan DOUGHERTY, commissaire d'école, 1927	Don WAYE, ingénieur, 1946
Jeanne-Mance	* Michel BISSONNET, avocat, 1942	Henri LABERGE, assureur-vie, 1932
Jean-Talon	** Jean-Claude RIVEST, avocat, 1943	Monique CLOUTIER, bibliothécaire, 1945
Johnson	Camille PICARD, technicien, 1941	* Carmen JUNEAU, 1934
Joliette	André ASSELIN, avocat, 1940	** Guy CHEVRETTE, professeur, 1940
Jonquière	André HARVEY, relationniste, 1939	** Claude VAILLANCOURT, avocat, 1944
Kamouraska	Réginald GRAND'MAISON, dentiste, 1927	** Léonard LÉVESQUE, agriculteur, 1935
Labelle	Damien HÉTU, maître-électricien, 1926	** Jacques LÉONARD, compt., professeur, adm., 1936
L'Acadie	** Thérèse LAVOIE-ROUX, adm. scolaire, 1928	Jean-Paul MARTEL, cadre à l'Hydro-Québec, 1936
Lac-Saint-Jean	Maurice PARADIS, administrateur, 1917	** Jacques BRASSARD, professeur, 1940
Lafontaine	Louis-G. GRENIER, administrateur, 1936	** Marcel LÉGER, administrateur, 1930
La Peltrie	Jean-Guy CARIGNAN, administrateur, 1941	* Pauline MAROIS, adm. public, (orthopédagogue)
Laporte	* André BOURBEAU, notaire, 1936	André PIETTE, professeur, 1935
Laprairie	* J.-Pierre SAINTONGE, avocat, 1945	Gilles MICHAUD, administrateur, 1935
L'Assomption	André OUELLETTE, adm. scolaire, 1942	** Jacques PARIZEAU, professeur, 1930
Laurier	* Christos SIRROS, adm. (dir. C.L.S.C.), 1948	Nadia B. ASSIMOPOULOS, sociologue, professeure, 1943
Laval-des-Rapides	Yvan BOURGOIN, ingénieur, 1936	** Bernard LANDRY, avocat, 1937
Laviolette	Jacques BUISSON, médecin, 1937	** Jean-Pierre JOLIVET, professeur (syndicaliste), 1941
Levis	Claude GARCIA, actuaire, adm. public, 1940	** Jean GARON, avocat, économ., professeur, 1938
Limoilou	Yvan TURCOTTE, conseiller-communication, 1953	** Raymond GRAVEL, moniteur-réadaptation, 1926
Lotbinière	Jean TREMBLAY, avocat, 1951	** Rodrigue BIRON, administrateur, 1934

Circonscription	Candidat du Parti libéral du Québec		Candidat du Parti québécois
Louis-Hébert	Michelle METHOT-ROUSSEAU, adm. Rousseau-Métal, 1934	**	Claude Morin, adm. public, 1929
Maisonneuve	Georges LALANDE, avocat, adm. public, 1939	*	Louise HAREL, avocate, 1946
Marguerite-Bourgeoys	** Fernand LALONDE, avocat, adm. public, 1932		Maurice MAISONNEUVE, garagiste, 1932
Marie-Victorin	Lise VACHON MARCOTTE, professeur, 1940	**	Pierre MAROIS, avocat, 1940
Marquette	* Claude DAUPHIN, avocat, 1953		Gérard KENTZINGER, commerçant, 1933
Maskinongé	** Yvon PICOTTE, adm. scolaire, 1942		Paul-Émile GÉLINAS, agriculteur, 1937
Matane	Serge VÉZINA, ingénieur, 1942	**	Yves BÉRUBÉ, ingénieur, 1940
Matapedia	Aldy LÉVESQUE, homme d'affaires, 1951	**	Léopold MARQUIS, admin. scolaire. 1938
Mégantic-Compton	** Fabien BOULANGER, administrateur, 1936		Noel LANDRY, agriculteur, 1937
Mercier	Yves BÉRIAULT, avocat, 1943	**	Gérald GODIN, journaliste, 1938
Mille-Iles	Jean-Pierre BÉLISLE, avocat, 1948	*	Jean-Paul CHAMPAGNE, professeur, 1931
Montmagny-L'Islet	Julien GIASSON, courtier d'ass., 1927	*	Jacques LEBLANC, agriculteur, commerçant, 1924
Montmorency	Jacques LANGLOIS, notaire, 1948	**	Clément RICHARD, avocat, 1939
Mont-Royal	** John CIACCIA, avocat, 1933		André NORMANDEAU, criminologue, professeur, 1942
Nelligan	* Clifford LINCOLN, courtier d'ass., 1923		Denise CYPIHOT, administrateur,
Nicolet	Réal LAMBERT, agriculteur, 1935	*	Yves BEAUMIER, adm. Université du Q., 1942
Notre-Dame-de-Grâce	** Reed SCOWEN, économiste, 1931		Kevin HENLEY, chargé de cours, Université du Q., 1947
Orford	** Georges VAILLANCOURT, homme d'affaires, 1923		Yvon BÉLAIR, entrepreneur en peinture, 1948
Outremont	** Pierre FORTIER, ingénieur, 1932		Nicole BOILY, animatrice, 1938
Papineau	* Mark ASSAD, homme d'affaires, 1940		Bernard GUINDON, adm. scolaire, 1946
Pontiac	* Robert MIDDLEMISS, ingénieur, 1935		William BEDWELL, professeur (cons. educ.), 1937

Circonscription	Candidat du Parti libéral du Québec	Candidat du Parti québécois
Portneuf	** Michel PAGÉ, avocat, 1949	André GIRARD, administrateur, 1926
Prévost	Solange CHAPUT-ROLLAND, journaliste, 1919	* Robert DEAN, conseiller syndical, 1927
Richelieu	Jean FRAPPIER, avocat, 1944	** Maurice MARTEL, pharmacien, 1937
Richmond	* Yvon VALLIÈRES, professeur, 1949	Denise LEMIRE SCKOROPAD, administrateur, 1932
Rimouski	Georges FAFARD, ex-comm. de la Sûreté, 1931	** Alain MARCOUX, admin. scolaire, 1945
Rivière-du-Loup	J.E. MICHAUD, agriculteur, 1927	** Jules BOUCHER, adm. (dir. C.S.S.), 1933
Robert-Baldwin	* John O'GALLAGHER, ingénieur arpenteur, 1930	Gisèle HURTUBISE, professeur au primaire, puis comptable
Roberval	Robert LAMONTAGNE, notaire, 1933	* Michel GAUTHIER, adm. scolaire, 1950
Rosemont	Gérard LATULIPE, avocat, 1944	** Gilbert PAQUETTE, professeur, 1942
Rousseau	Gérard MARTIN, courtier d'ass., 1922	* René BLOUIN, adm. public (attaché politique), professeur, 1948
Rouyn-Noranda-Témiscamingue	Camil SAMSON, vendeur d'automobiles, 1935	* Gilles BARIL, journaliste puis secrétaire de député, 1957
Saguenay	Ghislain MALTAIS, courtier d'ass., 1944	** Lucien LESSARD, professeur, 1938
Sainte-Anne	* Maximilien POLAK, avocat, 1930	Jean-Marc LACOSTE, comptable, 1949
Saint-François	Monique TREMBLAY GAGNON, notaire, 1940	** Réal RANCOURT, agriculteur, 1929
Saint-Henri	* Roma HAINS, adm. scolaire, 1917	Léo CORMIER, conseiller/serv. sociaux, 1924
Saint-Hyacinthe	Roger DUCEPPE, administrateur, 1940	* Maurice DUPRÉ, adm. public (Régie des loyers), 1937
Saint-Jacques	Marcel TREMBLAY, administrateur scolaire, 1944	** Claude CHARRON, politologue, 1946
Saint-Jean	Jacques VEILLEUX, attaché politique, 1939	** Jérome PROULX, professeur, 1930
Saint-Laurent	** Claude FORGET, économiste, avocat, professeur, adm. public, 1936	Jean FOISY, politologue, fonctionnaire, 1943

Circonscription	Candidat du Parti libéral du Québec	Candidat du Parti québécois
Saint-Louis	** Harry BLANK, avocat, 1925	Pierre RYAN, professeur, 1944
Sainte-Marie	Jacques DION, économiste, adm., 1947	** Guy BISAILLON, professeur (syndicaliste), 1939
Saint-Maurice	Yvon LEMIRE, homme d'affaires, 1939	** Yves DUHAIME, avocat, 1939
Sauvé	Jacques MONGEAU, avocat, 1931	** Jacques-Yvan MORIN, avocat, professeur, 1931
Shefford	Richard VERREAULT, administrateur, 1937	* Roger PARÉ, coord. ventes d'Agropur, 1948
Sherbrooke	Alain COUSINEAU, professeur, 1942	* Raynald FRÉCHETTE, avocat, 1933
Taillon	Lawrence WILSON, avocat, 1935	** René LÉVESQUE, journaliste, 1922
Taschereau	Florence IEVERS, avocate, 1944	** Richard GUAY, avocat, journaliste, 1943
Terrebonne	Jean-Yves CHARTRAND, avocat, 1952	* Yves BLAIS, administrateur, 1931
Trois-Rivières	Paul PHILIBERT, entr. funéraire, 1944 (thanatologue)	** Denis VAUGEOIS, historien, professeur, éditeur, puis fonctionnaire, 1935
Ungava	Laurent LEVASSEUR, administrateur, S.D.B.J., 1942	* Marcel LAFRENIÈRE, gérant d'aréna, 1939
Vachon	Jacques ROY, homme d'affaires, 1942	* David PAYNE, professeur, fonctionnaire, 1944
Vanier	Yvan LATOUR, chef d'entreprise, 1940	** Jean-François BERTRAND, professeur, 1946
Vaudreuil-Soulanges	* Daniel JOHNSON avocat, administrateur, 1944	Louise CUERRIER, professeur, 1950
Verchères	Michel GAUDETTE, courtier d'ass., 1950	** J.-Pierre CHARBONNEAU, journaliste, 1950
Verdun	** Lucien CARON, administrateur, homme d'affaires, 1929	Fabiola RENAUD, météologue, chercheur à l'Université du Q., 1953
Viau	* William CUSANO, administrateur scolaire, 1943	Charles LEFEBVRE, ingénieur, professeur, 1929
Viger	* Cosmo MACIOCIA, courtier d'ass., 1942	Paul DOYON, psychologue, professeur, 1947
Vimont	Yves ROBILLARD, professeur, fonctionnaire à Ville Laval, 1942	* Jean-Guy RODRIGUE, ingénieur à l'Hydro, 1937
Westmount	* Richard FRENCH, conseiller en gestion à SECOR, professeur, 1947	Henry MILNER, politologue, professeur, 1946

Le conseil des ministres

M. René Lévesque	Premier ministre et Président du Conseil
M. Jacques-Yvan Morin	Vice-premier ministre et ministre d'État au Développement culturel et scientifique
M. Camille Laurin	Ministre de l'Éducation
M. Claude Morin	Ministre des Affaires intergouvernementales
M. Jacques Parizeau	Ministre des Finances et ministre des Institutions financières et Coopératives
M. Yves Bérubé	Ministre délégué à l'Administration et Président du Conseil du Trésor
M. Claude Charron	Ministre délégué aux Affaires parlementaires et Leader parlementaire du gouvernement.
M. Marc-André Bédard	Ministre de la Justice et ministre d'État à la Réforme électorale
M. Bernard Landry	Ministre d'État au Développement économique
M. Denis Lazure	Ministre d'État au Développement social
M. François Gendron	Ministre d'État à l'Aménagement
Mme Pauline Marois	Ministre d'État à la Condition féminine
M. Pierre Marois	Ministre du Travail, de la Main-d'œuvre et de la Sécurité du revenu
M. Jacques Léonard	Ministres des Affaires municipales
M. Jean Garon	Ministre de l'Agriculture, des Pêcheries et de l'Alimentation
M. Marcel Léger	Ministre de l'Environnement
M. Lucien Lessard	Ministre du Loisir, de la Chasse et de la Pêche
M. Yves Duhaime	Ministre de l'Énergie et des Ressources

M. Guy Tardif	Ministre délégué à l'Habitation et à la Protection du consommateur
M. Pierre-Marc Johnson	Ministre des Affaires sociales
M. Michel Clair	Ministre des Transports
M. Clément Richard	Ministres des Affaires culturelles
M. Gérald Godin	Ministre des Communautés culturelles et de l'Immigration
Mme Denise Leblanc-Bantey	Ministre de la Fonction publique
M. Jean-François Bertrand	Ministre des Communications
M. Alain Marcoux	Ministre des Travaux publics et de l'Approvisionnement
M. Rodrigue Biron	Ministre de l'Industrie, du Commerce et du Tourisme
M. Raynald Fréchette	Ministre du Revenu

Le 30 avril 1981.

Bibliographie

Dans la préparation de ce livre, les auteurs ont surtout eu recours à des documents qui ne sont pas disponibles, ni en librairie, ni dans les bibliothèques. Il s'agit d'abord de la documentation interne des grands partis politiques : règlements, rapports de comités, cahiers de résolutions, organigrammes, biographies de candidats, etc. Il s'agit ensuite des analyses détaillées des résultats de sondages. Il s'agit enfin des notes d'entrevues ou d'observations directes colligées par les auteurs à l'occasion des réunions des dirigeants (Conseils) ou membres (Congrès) des grands partis politiques auxquelles ils ont assisté, soit à titre de correspondant de presse, soit à titre d'invité.

Une bonne part des informations utilisées dans *Québec : élections 1981* provient néanmoins de documents auxquels on peut accéder facilement : les programmes et manifestes des partis (par exemple, pour le Parti libéral, *Le Québec des libertés, Une nouvelle fédération canadienne*, ou encore *La société libérale de demain*), les rapports du directeur général du financement des partis politiques, du directeur général des élections, de la commission de la représentation, les données du recensement de la population, ou encore, plus généralement, les périodiques d'information (les quotidiens, surtout).

Certaines des informations utilisées dans *Québec :
élections 1981* ont, enfin, été exploitées, par les mêmes
auteurs ou par d'autres, dans des livres, dont voici une
liste sélective :

BÉLANGER, André-J., et douze collaborateurs (en
collaboration), *Québec : un pays incertain : réflexions
sur le Québec post-référendaire*, Montréal, Éditions
Québec/Amérique, 1980, 312 pages.

BERNARD, André, *La politique au Canada et au Québec*,
Montréal, Presses de l'Université du Québec,
deuxième édition, 1977, 536 pages.

BERNARD, André, *Québec : élections 1976*, Montréal,
Hurtubise HMH, 1976, 174 pages.

BERNARD, André, *What does Quebec want ?*, Toronto,
James Lorimer & Company, Publishers, 1978, 160
pages.

CHARBONNEAU, Jean-Pierre et Gilbert PAQUETTE,
L'option, Montréal, Éditions de l'Homme, 1978, 620
pages.

CLIFT, Dominique et Sheila McLEOD
ARNOPOULOS, *Le fait anglais au Québec*,
Montréal, Libre Expression, 1979, 277 pages.

LATOUCHE, Daniel, et treize collaborateurs (en
collaboration), *Le processus électoral au Québec : les
élections provinciales de 1970 et 1973*, Montréal,
Hurtubise HMH, 1976, 288 pages.

MURRAY, Vèra, *Le Parti québécois : de la fondation à la
prise du pouvoir*, Montréal, Hurtubise HMH, 1976,
242 pages.

PELLETIER, Réjean, et neuf collaborateurs (en
collaboration), *Partis politiques au Québec*, Montréal,
Hurtubise HMH, 1976, 299 pages.

CARTE ÉLECTORALE
QUÉBEC - MONTRÉAL -

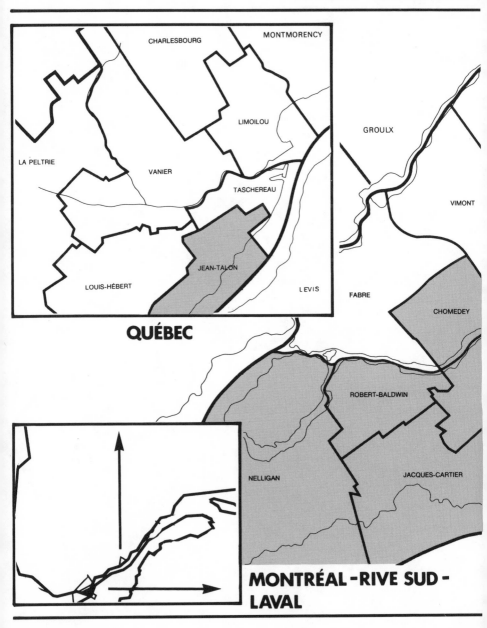

QUÉBEC

MONTRÉAL - RIVE SUD - LAVAL

DU QUÉBEC 1981

RIVE SUD - LAVAL

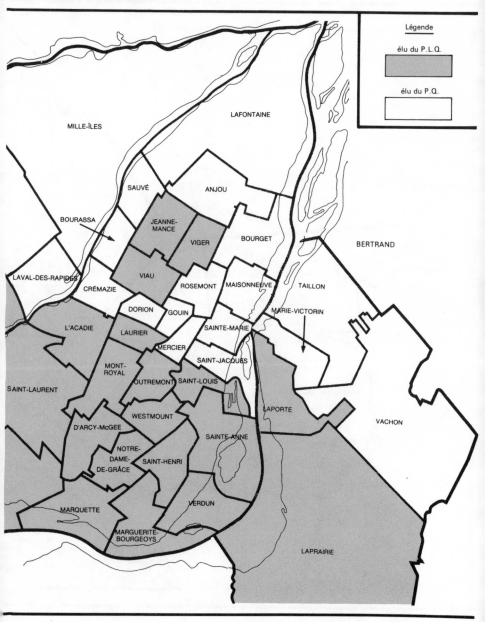

CARTE ÉLECTORALE

CIRCONSCRIPTIONS

UNGAVA

LAC-SAINT-JEAN

ABITIBI-OUEST

ROBERVAL

ABITIBI-EST

ROUYN -NORANDA-
TÉMISCAMINGUE

LAVIOLETTE

CHAUVEAU

GATINEAU

PORTNEUF

SAINT-
MAURICE

LABELLE

MASKI-
NONGÉ

CHAMPLAIN

BERTHIER

TROIS-RIVIÈRES

PONTIAC

PRÉVOST

ROUS-
SEAU

MONTCALM

PAPINEAU

ARGENTEUIL

L'ASSOMPTION

13

DEUX-MONTAGNES

TERREBONNE

17

CHAPLEAU

22   1   11

24   10

35   29   16   25

9

8   15   31   20

34   30   7   23   28   32

14

DU QUÉBEC 1981

DES RÉGIONS

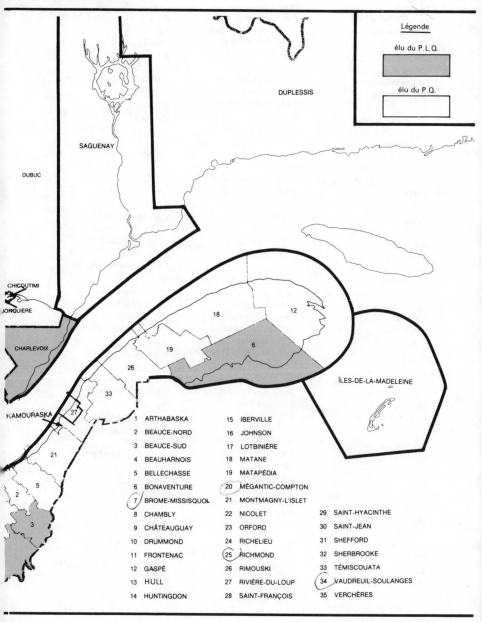

Légende

élu du P.L.Q.

élu du P.Q.

DUPLESSIS

SAGUENAY

DUBUC

CHICOUTIMI

JONQUIÈRE

CHARLEVOIX

18   12

19   6

26

ÎLES-DE-LA-MADELEINE

33

KAMOURASKA   27

21

5

2

3

1	ARTHABASKA	15	IBERVILLE
2	BEAUCE-NORD	16	JOHNSON
3	BEAUCE-SUD	17	LOTBINIÈRE
4	BEAUHARNOIS	18	MATANE
5	BELLECHASSE	19	MATAPÉDIA
6	BONAVENTURE	20	MÉGANTIC-COMPTON
7	BROME-MISSISQUOI	21	MONTMAGNY-L'ISLET
8	CHAMBLY	22	NICOLET	29	SAINT-HYACINTHE
9	CHÂTEAUGUAY	23	ORFORD	30	SAINT-JEAN
10	DRUMMOND	24	RICHELIEU	31	SHEFFORD
11	FRONTENAC	25	RICHMOND	32	SHERBROOKE
12	GASPÉ	26	RIMOUSKI	33	TÉMISCOUATA
13	HULL	27	RIVIÈRE-DU-LOUP	34	VAUDREUIL-SOULANGES
14	HUNTINGDON	28	SAINT-FRANÇOIS	35	VERCHÈRES

Cahiers du Québec